新書

佐伯啓思
SAEKI Keishi

西田幾多郎

無私の思想と日本人

589

新潮社

西田幾多郎（1943 年頃）

［石川県西田幾多郎記念哲学館：提供］

西田幾多郎　無私の思想と日本人◎目　次

＊本書は、月刊「新潮45」連載の「反・幸福論」（二〇一三年七月号～二〇一四年七月号）に加筆を施し、改編しました。

序章　西田幾多郎の「道」

「哲学の道」

京都の東山のふもとに「哲学の道」があります。いうまでもなくこの名称は哲学者、西田《にしだ》幾多郎《きたろう》にちなんだものです。今日では、京都でも有名な観光スポットですから、とりわけ桜の季節など人が大挙して押しかけ、狭い道へとゾロゾロと入り込み、あまり心地のよいものではありません。とてもではありませんが、哲学的心境に浸るどころではありません。

しかも、近ごろは、傍若無人《ぼうじゃくぶじん》な大声で外国語が飛び交《か》い、住民の方が何か肩身《かたみ》の狭い思いをして遠慮がちに歩くというのが「国際化」の実態というものなのでしょう。こうなると「国際観光都市」にしても、「世界遺産」にしても、あまりありがたい話ではありません。さらに、「観光を成長産業に」という無粋《ぶすい》な政策のおかげで、外国人が何十万人やってきて、いくら金を落とした、という類の懐勘定《ふところかんじょう》が先行する。かくて、道をふさぐ観光バスにも閉口します。ともかく「哲学の道」なるものは、ひっそりとしたたたずまいであってこそ意味があるのです。

私は、京都の桜ではこのあたりが一番好きなのですが、この人の群れを思うとなかなか足が向きません。いっそのこと、哲学者以外、進入禁止にでもしたらどうなのでしょうか。

とはいえ、人のいなくなった夕暮れ時などに来るとこのゆったりとした味わいは格別のものです。哲学の道から疏水《そすい》を越えて奥へ入ると法然院のあたりにでますが、このあたりのほの暗い静寂は、一瞬、時間が脱落した異次元に引き込まれてしまったような心持になります。

銀閣寺の付近から南へ下り永観堂のあたりまで哲学の道をたどるとだいたい30分ほどかかります。また戻ってくると一時間弱でしょう。京都大学から銀閣寺のあたりまでおよそ20分ぐらいです。今なら途中で喫茶店にでも入れますが、西田の時代には、そんな気のきいたものがあったとも思えませんから、「ちょっと散歩に出てくる」といっても相当な時間を歩いていたのかもしれません。

私も歩きながらあれこれと考えるのが好きなので、本当は哲学の資質があったのではないか、などと密かに思うのですが、もちろん考えながら歩けば誰もが哲学者になるはずもなく、社会科学ではどうも哲学の道を歩いたからといってよい考えが浮かぶわけでもなさそうです。

西田は、すでに京都大学に来る前、金沢の四高にいた時分から「デンケン先生」と呼ばれていました。デンケンとはドイツ語で「考える」の意です。西田は京都に赴任してきてすぐの書簡で、銀閣寺のあたりを散策する、といったことを書いていますから、このあたりが気に入っていたのでしょう。別に「哲学の道」を歩いたわけではありません。西田が歩いたところが「哲学の道」になっただけのことです。

しかし考えようによっては、これは存外、大事なことかもしれません。なぜなら、哲学とはもともと人が生きる「道」をさし示すものだからです。このいい方が少し大げさなら、生きる方法を暗示するものだといってもいいでしょう。

それは「最初」の哲学者であるソクラテスがすでに述べていたことでした。ソクラテスにとっては、哲学（知を愛すること）とは、人が善《よ》く生きるための指針だったのです。それは「誤った思考」から人を救い出し、真理への道を示すものでした。

「誤った思考」とは自分勝手な思い込みであり根拠のない思惑、つまり「ドクサ」です。

思い込みは誰にもあります。しかしそれをもって自分は知者《ちしゃ》である、というのは単なる思いあがりで、それでは人は善く生きることはできません。だから、この思い上がりを捨て、自らの無知を自覚することが哲学の第一歩なのです。そのためにソクラテスが取った方法は「人との対話」でした。ともかくこの議論好きな男は、しょっちゅうポリスの広場へでてきては他人と対話をしたのでした。

それと違い西田がやったのは「散歩」です。歩きながら「考えること」でした。彼が考えることで、そこに「道」ができたのです。西田にとって、哲学とは生きることとそのものであり、生という事実に直結した営みだったのです。

「人生問題なくして何処に哲学というものがあろう」と彼は書いています（「プラトンのイデヤの本質」）。自分自身の人生をどのように生きるのか、そして、日常生活に襲いかかってくる悲惨や苦難をどう処遇すればよいのか、こうした人生上の、あるいは生活上の問題に対して、解決とまではいかなくとも、あるべき方向を模索するための道具が哲学だったのです。善き生のための「道」を求めていたといってよいでしょう。その意味ではギリシャの最初の哲学と大差はありません。

ソクラテスの対話を書き記したプラトンとその後継者であったアリストテレスについ

て彼はこういっています。「アリストテレスは学者であった。しかしプラトンは偉大なる人であった」と。西田は、思索することは、「学者」になることなどではなく、できれば偉大な「人」に触れることだと思っていたのです。それは生きる「道」にかかわることなのでした。だから、「哲学の道」とは、その命名者の意図がどこにあったのかわかりませんが、案外と気のきいた名称だといわねばなりません。それは「哲学をする道」なのではなく「哲学という道」なのです。「哲学者が歩く道」なのではなく「哲学者が示す道」なのです。西田というひとりの人物が、そこを歩きながら「考えた」。「考える」ことによって、そこに「道」ができたのです。これは大事なことです。

西田、心痛の種

西洋の最初の哲学者はポリスの広場で対話をしたのでした。そこには観客もいました。ソクラテスというぼろ布をまとったごつい男がでてきて、当時の一流の知識人を相手に何やら小難しい理屈をこねて相手をギャフンといわせるところを人々は観戦していたのです。これが西洋の哲学の始まりでした。

だから西洋の哲学は、人との対話によって、いわば知識が前へ前へと進化する方向へと向かうのでしょう。対話（ダイアローグ）は、やがてヘーゲルのような「弁証法（ディアレクティーク）」になるのです。まずは自分の勝手で素朴な思い込みから始まります。しかし他者と出会うことで、自分の思い込みを自覚し、異なった考えとつき合わせ、そしてより進んだ知識へと「進化」するのです。これが弁証法というものです。

さらにまた、ソクラテスの方法は、広場で公衆を前にして議論するのですから、知識は他人にもわかるように公共的なものでなければなりません。ここに、誰でもわかる「論理」というものがでてきます。ソクラテスがどれほど奥さんに悩まされ家庭にうんざりしていても、そんなことは哲学とは何の関係もありません。個人の感情や経験と「論理」は関係ありません。それが公共的ということでした。

これに対して、わが哲学者、西田は、ひたすら歩きながら沈思黙考《ちんしもっこう》したのです。自己の内に沈潜し、自己内対話を行っていた西田の哲学は、ひたすら自己と向き合い、自己のうちを反省し、自己の底を覗《のぞ》き込もうとします。その底を突き破って、その果てに普遍的で絶対的なものを見出そうとしたのでした。

そこには、ずっと西田の心痛の種であった家族の不幸があり、襲い掛かる苦悩がありました。経験こそがすべてだったのです。それをとことん掘り下げてその底にあるものを取り出そうとしたのです。それを取り出すことが彼の生そのものであり、そこに、西田独自の哲学が生み出されたのでした。

私は、ここに、広場から始まった西洋の哲学と、道から生まれた日本の哲学の決定的な違いを見たくもなるのです。あるいは対話から始まった西洋的思考と散歩が生み出した日本の思考といってよいかもしれません。

もっとも、それが日本には論理的思考や体系的哲学が生まれなかった理由なのかも知れません。西行にせよ、鴨長明にせよ、吉田兼好にせよ、松尾芭蕉にせよ、「日本」独特の思索者は、旅人だったり、隠遁者《いんとんしゃ》だったりします。基本的に自己内対話型なのです。もっとも、もう少し西洋的な儒学者は、伊藤仁斎にせよ、中江藤樹にせよ、塾生との対話をしましたが、これも対話というより、教師と弟子の関係だったのでしょう。

西田が京都帝大で教えていたのは、明治43年（1910年）から昭和3年（1928年）にかけてでした。40歳から58歳にかけてです。それから今日で100年ほどが経過しました。「哲学の道」や岡崎のあたりに外国人観光客が押し寄せてくるように京都の街も大きく変わったのでしょう。西田の弟子だった宗教哲学者の西谷啓治は、学生の時に東京から京都へ来ました。その二十数年後に随筆を書いています。そこで、京都は随分と新しくなったが、この新しさは、景観にせよ、風俗にせよ、人心にせよ、おしなべてあまりに低俗で浮薄《ふはく》である、と書いています。古都としての品格はほとんど見られないと手厳しいのです(「京都感想」1947年)。

それからまた60年以上が経過し、このグローバル化の時代になったわけです。今日、京都の街だけではなく、大学も急激な変化にさらされており、「哲学」のような時間をかけた思索はたいへんに難しくなってきました。とりわけこの十数年の大学改革は、何とも大学を窮屈なものにしてしまいました。国立大学の民営化は、もともと、各大学が文部科学省の管理をはずれ、それぞれのやり方で個性をもった運営を可能とするはずでした。しかし、実際に生じたことは全く逆で、ますます似たような大学が、ますます文部科学省の管理下におかれるという事態なのです。

理由は簡単です。文部科学省がいちいち大学の内実に口をださない代わりに、第三者評価機構という中立的機関が大学を評価することになりました。これは、できるだけ客観的で中立的な評価であるべきだ、ということです。一見、聞こえはいいのです。するとどうなるか。学生をちゃんと卒業させて就職させているか。入学者を集める努力をしているか。授業は正確に行われているか。博士号をどれだけだしているか。研究成果はあがっているか。社会への発信を行っているか。外部からの予算をとってきているか。「改革」に取り組んでいるか。こうしたことが客観的な評価の対象になるのです。

その結果、今日の大学はひたすらこれらの評価を巡って競争せざるをえません。評価の高い大学は文部科学省から多額の予算を得ることができます。そうでなければ予算は減額されます。こうなると、大学によっては年がら年中、入試をやり、学生の就職の面倒を見、高校までリクルートに走り、市民向け公開講座をやり、「改革」のための会議に奔走する、という事態になります。たいていの研究者はここで疲れ果ててしまいます。そこで研究成果をあげろといってもほとんど不可能になる。で、どうするか。共同研究という名目をたて、多額の予算を獲得し、多人数で成果をだす。海外から著名な教授でも呼んできてシンポジウムを開催すれば、りっぱに「業績」ができます。いや、そうでもしなければ、「業績」を毎年出すなどということは至難の業なのです。

もはやいうまでもないでしょう。大学人はほとんど、予算獲得と大学の社会的評価を獲得するための小間使いのようになり果てた。大学は教育産業の営利組織になったのです。一見したところ、大学は活発に社会に発信し、研究成果をあげているように見えますが、「成果」の大半は、まったく薄っぺらな、あるいはやたら志《こころざし》の低い粗製乱造品になるでしょう。学術水準はますます低下することとなるでしょう。

しかも文科省は「改革」に取り組む姿勢に対して予算をつけます。ところが彼らのいう「改革」とは、今日、まずは国際化にほかなりません。かくてどの大学もおよそ似たような「改革」の方向で動きます。英語授業の充実、外国人教師の採用、留学生の受け入れなどです。文科省としては、ただ大学間で「改革ゴッコ」を競わせておけばいいのです。すると自動的に意のままに大学行政を動かすことができてしまうのです。こうして民営化以降、以前にもまして官僚統制が強くなり、大学の個性は失われてゆくのです。

常に権威は海外に

京都大学の場合も例外ではありません。いや、私には、ますます京都大学「らしさ」が失われてゆくように見えます。京都大学に与えられた今日の使命は、ともかくも世界に通用するグローバル大学を目指せというものです。もっといってしまえば、国内でいえば、東京大学、世界のレベルでいえば、ハーバードやオックスフォードなどと遜色のない大学を目指すということなのです。

こういう話は、いわゆる理系と文系ではかなり事情が違っていて、一般論でいうのは少し無理があるでしょう。グローバル化や成果主義も理系ではそれなりに有意味なのかもしれません。しかしこと人文社会科学の場合、相当に深刻な問題をはらんでいる。留学生を何万人だか増やして、英語で授業を提供し単位を与えて卒業させることにどれほどの意味があるのでしょうか。もしも、日本文化や日本政治を学びたければ、それなりの日本語を学んで日本語の講義を受けるのが当然でしょうし、実際、そうしているはずです。文化や政治の微妙な点は簡単な英語で説明できるものではありません。また本当に英語のうまい優秀な留学生はアメリカかイギリスへ行くでしょう。どのような留学生がやってくるか、おおよそ見当がつくというものです。

また、英語という国際標準語でしばしば国際シンポジウムが開催されます。しかもたいてい巨額の予算がつきます。いいかえれば、国際シンポジウムは予算を獲得する便利な口実にもなるのです。活発にやっているというポーズにもなります。主催している当人も忙しくて仕事をしているという気にもなります。確かにこれも「成果」には違いありません。

実際に意義深く活発な会議もあるでしょう。それはそれで結構なことです。しかし、人文社会科学の場合、話はそれほど簡単ではありません。ここには実は大事なことがあるのです。

シンポジウムはプラトンの著作にもある「シンポジオン（饗宴）」から出た言葉ですが、もとをたどれば、先のポリスの広場での弁論や議論です。ギリシャのポリスで始まった公共討論の極端な拡張版です。「広場」の討論では、それぞれの参加者の背景や経験はあまり問題になりません。客観的な「論理」が大事だったのです。

とはいえ「論理」を徹底的に重視したのはソクラテスだけで、大半の討論者は、自説を強硬に主張したり、聴衆受けをねらったり、時々のお調子者といった「ソフィスト」だったのです。

こうなると、その場限りの顔合わせで、即席の舞台（広場）にあがって、次の日には別れてしまうなどという国際シンポジウムで本当に中身のある議論ができると思う方に無理があるでしょう。うまくいくこともあるかもしれません。しかしそれは例外でしょう。一時的には刺激は受けるでしょうが、ここに落とし穴があるのです。

日本の人文社会科学系の学問は基本的に西洋から導入された輸入学問です。だからどうしてもアメリカ、ヨーロッパが「本場」であって、日本の学者はそれを紹介したり、持ち込んだり、「本場」のふんどしで相撲をとらせてもらっているのです。哲学も政治学も経済学も社会学もおおよそこういう傾向を強くもっていました。これは西洋に追いつくことを目標と心得た近代日本の学問の宿命でした。

最初からこういうバイアスがかかっているのです。日本の人文社会科学は決して自前の言葉で語り、自前の議論をしてきたわけではないのです。常に権威は海外にあったのです。その上で、欧米あたりの著名な学者を呼んできてシンポジウムをやっても、いややればやるほど、「われわれ」の自前の思考が衰弱してゆき、ますます「本場」の亜流《ありゅう》になってしまうでしょう。多くの場合、単なる「権威づけ」に終わってしまうのです。しかもこの「権威」を得るために海外からの招待者には大枚が支払われる。このもっともらしい体裁の背後にある「奴隷根性」というべきものこそが大きな問題なのではないでしょうか。

もちろん、人文社会科学においても、グローバルな共通語や共通の議論はありえます。しかし、討論者はその国の文化や歴史や習俗といった目に見えない背景を背負っています。だから、たとえば「民主政治」といった言葉を使っても、それが内包する意味は日本やアメリカや欧州や中国やアラブではまったく違うのです。

欧米で「民主政治」といえば、ギリシャやローマの都市国家から始まって近代の市民革命等の歴史的経緯を前提にした政治体制を想定しますが、日本にはそういうものはないのです。だから、政治改革をやったにもかかわらず民主党が失敗するのはなぜか、などということを、まして英語で説明するのはたいへんに難しい話なのです。これは、日本の社会的、文化的風土がわかっていないと理解しがたいことなのです。

ところが、「民主政治」という共通語を使って、文化や歴史の相違を無視した議論をやってしまうと、いかにも共通の了解ができてしまうような錯覚に陥る。こうして、ほとんど気づかないうちに、あの「本場」への隷従がいっそう深刻になってしまうのです。「自然」という言葉にせよ、「自由」や「コミュニティ」や「社会」にせよ、あるいは「神」や「絶対者」にせよ同じことで、これらはそれぞれの国の文化的、歴史的背景から切り離すことができません。しかもこれらは基本的に欧米の文化風土のなかで作り出された言葉なのです。その結果、どうしても、欧米主導の構造のなかへわれわれは投げ込まれてしまう。そういう状況が明治以降、えんえんと続いているのです。

だから、たとえば国際シンポジウムを開催して、本当に国際化が進展し、相互理解が進み、われわれの知識が深化するなどと簡単に思うわけにはいきません。ましてや国境を越えた知の共同体ができるなどと楽観するわけにはいきません。ところが、ともすれば、今日の大学改革はそのような幻想を振りまいてしまうのです。

こうなると、私には西洋思想のもとになったあの「広場」に対して、西田の「道」の方が気になってきます。「開かれたシンポジウム」などよりも、一人で自己の経験をもとにして、己の内にある深淵を覗き込むことで、その底に普遍的なものを見出そうとした西田の思索です。私には、そのことの方がはるかに意味深いことだと思われるのです。

京都だからこそ生まれた

もちろん西田は西洋発の書物を驚くほど読んでいます。主要な哲学書はもちろん、彼の読書は、古典から聖書、漢書、文学、詩などたいへん広範に及ぶものでした。しかし面白いことに、西田自身は、本は好きだけれども、本当に読んだものはごくわずかだと述べています。全集などというものはもったこともなく、一人の人物を丹念に研究しようなどという気はありませんでした。「ただ一つの思想を知るということは、思想というものを知らないというに同じ」とさえいうのです（「読書」）。

要するに、西田にとっては、学問的研究はほとんど関心の対象ではなく、自らの日常の経験から発して、最後にまたそこへ戻ってくるための手立てを哲学に求めたのです。「日常性の世界というものが、最も直接な具体的な世界である」という西田にとっては、哲学とは、この日常世界の意義をもっとも深く表してくれるものでした。だから「哲学は最も深い常識でなければならない」というのです（「『理想』編輯者への手紙」）。

私が西田哲学に関心をもち、西田幾多郎という人物に共鳴するのは、知識というものに対するこのような至極まっとうな態度が根底にあるからなのです。哲学を特権化するわけでもなく、学問研究にはさして関心もなく、しかし、日常の経験を突き詰めてその究極にある普遍的なものを取り出したいという姿勢に共感するのです。知識は、われわれの具体的な日常の生から離れることはできないのです。

とすれば、われわれ日本に暮らす者は、日本という文脈を離れて知識にかかわることはできないでしょう。西洋の知識の輸入商人になり、それを専売特許にして我がもの顔で論じ、何々の専門家と称し、海外からの著名な学者を招くことに精をだし、それで日本の学術水準が上がったただのと思ってしまう今日の風潮とはまったく異なった精神がそこにはあります。

そういえば京都帝大へ赴任してきてすぐの書簡で西田は次のように書いています。

「大学の先生というようなものは真に人生を知ったものかどうか疑われて仕方がない。涙を以てパンを食うたことのない人の人生観はいかほど価値のあるものであろうか」（明治43年10月30日、田部隆次あて）

もちろん、ここに逆に、西田の驕りのようなものを見ることも可能かもしれません。しかしどうも京都は西田にとって本当に居心地のよい場所だったとは私には思えません。実際、京大時代の十数年は、子供の死、奥さんの病気と死と、苦難の連続でした。京大を退職したすぐの書簡に次のようにあります。「外面には花やかに見えたものの、この十年来家庭の不幸には幾度か堪え難い思いに沈みました。花やかな外面も深い暗い人生の流れの上に渦巻く虚幻の泡にすぎませぬ。いろいろの仕事も自己を慰める手段であったかもしれませぬ」（昭和3年9月20日、堀維孝あて）。西田は退職してすぐに鎌倉へ居を替えます。

京都が西田にとってどのような場所であったのかはよくわかりませんが、それでも、西田のような哲学は京都からしか生まれなかったことは間違いありません。決して東京では生まれなかったでしょう。もともと、京都大学は、近代日本の国家建設の宿命を背負って生まれた東京大学とはまったく異なった意義をもっていました。それは東大に次ぐ大学なのではなく、東大とは違った大学だったのです。東大が西洋の最先端の学問や技術の導入と日本の近代化という使命と不可分なのに対して、京大は、特に文系の場合、内藤湖南に見られるように、東洋を向き、もっといえば西洋と東洋を等分に見るというポジションを与えられていたのです。そこへもってきて、京都という土地柄、日本の伝統的なもの、歴史的なものへの関心が底に流れていたことは疑い得ないでしょう。

それは、最新情報を追うのに多忙で、競争と刺激によって成果を出し続けることを求められる東京とはまったく異なった風土にあったのです。近代がもたらす最先端の情報や目先の問題から距離を置くことこそが京都の特質だったはずです。それを放棄すれば、京都は京都でなくなります。京大が第二の東大を目指した時点ですでに京大は崩壊します。東大は常に西洋的なものの最先端を追い、グローバルな世界を見ているし、またそうでなければ困るのです。だからこそ京大は、それから距離をとらなければならないのです。業績主義、成果主義、商業主義はもともと京大には合わないのです。

西田が京大へ赴任してきたとき、彼はほぼ無名で、ほとんど業績もありませんでした。有名な『善の研究』を出すのは京大赴任の翌年でした。誰かがこの無名の40歳の新人を推挙したのでしょう。

ところで西田の写真というと、いかめしい顔で肘を突きながら机に向かう写真がよくでてきて、いかにも人付き合いの悪い気難しい哲学者らしい雰囲気をかもしだしています。確かに気難しい面はあったのでしょう。しかし、西田は決して人付き合いの悪い孤独愛好家ではありません。

それどころか、ほぼ連日のように人と会い、弟子たちとそれこそ「対話」をしていました。気が乗らないとまったく何もしゃべらないくせに、哲学談義でも気が乗ると、えんえんと話し続けたと弟子の一人高坂正顕《こうさかまさあき》も述懐しています。

一度、友人の山本良吉《りょうきち》と対談しているテープを聞いたことがありますが、西田の話し方は、たいへんにはっきりとして分かりやすく、気迫と誠実さを感じさせる物言いなのです。決して独善的でもなければ、ボソボソと難しいことをつぶやく、といった種類の口調でもありません。メールなどというもののない時代ですから、他人と連絡を取るには手紙しかなかった時代です。それにしても西田は筆まめでした。友人は当然、ずいぶん弟子たちに手紙を出し、さまざまなことを案じています。日常的に彼らが出会って「対話」する。また一人で「散歩」する。京都はそれを可能とする場所だったのです。

第一章　「無の哲学」の誕生

言語道断な「コクサイカ」

先日、ある留学生が私のところにきて「日本では国をあげて英語教育をしようとしているようですが、いったいどうしてなのですか。どうして人々は反対しないのですか？」といいます。こちらが「君はどうしてそう思うの？」と聞くと、こういう答えがかえってきました。「日本語だけで話が通じるというのはたいへんな日本のメリットじゃないですか。他の多くの国は色々な民族がいたり、植民地になったりしていて自国語だけで話ができないからしょうがなく他国語を学んでいるじゃないですか。しかも、本当は、自国語しかしゃべらない人にちゃんと仕事を与えることこそが政府の役割なんじゃないですか」

まったくその通りです。

さて、２０１３年に政府の教育再生実行会議が第三次提言を出し、教育改革、大学改革の方向を打ち出しました。端的にいえば、グローバル化の時代に即応した人材を育成するというもので、ともかくも英語をしゃべれる若者を育成しようというのです。小学校のはやい時期から英語授業を実施し、英語教育に熱心な高校に「スーパー・グローバル・ハイスクール」などというものものしい名前を授与し、大学では入試資格や卒業認定にTOEFLなどの外部検定試験を導入し、さらに大学の国際化のために、外国人留学生を30万人に増やすというのです。あるいは、大学の教官のポストのかなりを外国人で採用するなどというとんでもない話もでています。

本当にそれで日本の若者の能力レベルがあがるというのでしょうか。

戦後の日本ではことあるごとに「国際化」が唱えられてきましたが、私には、ほとんどが上滑りで時流に乗っただけの「コクサイカ」にしか思えません。とくに大学の「コクサイカ」はこれまでも何度もいわれてきたのですが、今回ほど具体的でかつその方針が明確なものはありませんでした。

従来は学問の発展や若者の視野をひろげるための「コクサイカ」という漠然としたものだったのですが、今回は違います。日本がグローバル経済のなかで生き残るための戦略だというのです。安倍首相は「大学改革は日本の力の源であり、成長戦略では大学力こそが柱だ」と述べています。徹底した英語教育も実は成長戦略なのです。大学も成長戦略に組み込まれるわけです。何ということでしょう。

教育はつねに社会の要請のもとにあり、どのような人材を作り出すかは、社会で期待される人物像とは切り離せないという面は確かにあるでしょう。しかしこれほどあからさまに教育を経済戦略のなかに位置づけたことも珍しいことでしょう。画期的というか、とんでもないというか、少なくとも、これは私などが考える大学でもなければ学問でもありません。

戦前は、帝国主義的な状況下、列強と覇を争うなかで過度なナショナリズムが噴出し、敵国の本を手にしているだけで非国民といわれ、英語を話すなど言語道断だという風潮がありました。ところが、今日の光景はまったく逆転してしまい、グローバルな経済競争に勝つためには、国民をあげて英語を話せるようにしなければならない、というのです。英語を話すなど言語道断だという話から、英語がしゃべれないのは言語道断だという話に変えようというわけです。

どちらも言語道断なのですが、本当に言語道断なのは、テレビのバラエティから街角の会話にいたるまで、どうも日本人がまともに日本語をしゃべっていないのではないか、ということの方にあるのではないでしょうか。

大学という、本来は日本の将来を担う人材育成を託されているはずの教育機構に話を限定しても、たとえば、２０１３年の大学入試のためのセンター試験に小林秀雄の文章が出題され、これが難しすぎる、などといわれました。

40年以上も前のことをもちだしても仕方ないのかもしれませんが、私は高校1年の時に小林秀雄を読んで、なにやらすごい文章を書く人がいると感動したものでした。もちろん何が書いてあるのかよくわかりません。その独特の調子に乗せられただけです。むしろ難解だからこそ惹《ひ》かれたのでした。わからないからこそもっと読んでみようと思ったのでした。

大学の少人数講義でも、たとえば戦後の代表的な政治学者の丸山眞男のものなどを学生に読んでもらったりもします。丸山眞男といえば戦後日本のいわゆる左翼進歩派を代表する知識人であり、私は左翼進歩派にも丸山にも共感しないのですが、批判するためにもまずは読んでおかなければなりません。ところが批判まで辿《たど》りつくのがたいへんなのです。

進歩か、退行か

「昭和の時代」などというと、もう、それ自体が独特の響きをもって懐旧の念を呼び起こしてしまうのですが、確かに昭和の40年代には、多少なりとも思想に興味のあった者は、だいたい高校時代に丸山の『日本の思想』などを読んでいました。ところが、今日、学生に尋ねても、丸山眞男も小林秀雄もほぼ読書の対象にはなっていません。名前を知っていればありがたいぐらいです。両者とも彼らにとっては、まずは難解なのです。そして難解なものをわざわざ読む必要はないのです。

こうなると、いったい知的レベルが進歩したのか退行したのか、よくわかりません。明らかに受験勉強のレベルは高度化し、若い人の知識量も勉強量も増加しました。私などよりはるかに何でも知っています。しかし、知的なものへ向かう「意識」が高くなったのかどうか、どうもあやしくなってきます。

物理や化学や生物学といった理系のことはわかりませんが、人文・社会系の学問に関する限り、とてもではありませんが、大学生の読書力や批判力、独自の思考力が発展したとも向上したとも思えないのです。しかもこの40年ほどの間に、海外の情報はいくらでもはいり、インターネットのおかげで海外とも容易につながるようになり、留学の機会は飛躍的に増大し、英語能力も高くなりました。つまり、確実に「コクサイカ」は進展しているのです。もちろん、英語が自在に話せればそれにこしたことはありません。別に英語教育を否定する理由もありません。しかしそれより前にすることがあるのです。あるいは意識の置きどころなのです。英語教育、英語教育といっているうちに、「手段」であるはずの英語がそれ自体「目的」になってしまう。英語習得の成否が、受験の順位づけや高校のランクづけになり、そのうち英語が自己目的化されるというほとんど最悪の事態へと陥るでしょう。

英語より前にやるべきこと、読むべきものはいくらでもあるのです。「コクサイカ」より前に、まずは、日本語で自前の言葉で自己を表現し、他人と議論でき、家族や友人とまともな会話ができるようにすることが先決なのです。そこを飛び越してしまって、経済競争に勝つために英語教育と「コクサイカ」をやろうというなど、まったくの本末転倒、本当に言語道断なのです。何やら液状化してグズグズになった土壌の上に高層ビルを建てようとしているように私には思えるのです。

「コクサイカ」で思い出しましたが、明治の日本はいわば「コクサイカ」の時代でした。西欧を模倣する形の急激な近代化は、まさしく「コクサイカ」による文明開化の時代でした。その西洋化を説いた、当時のもっとも「コクサイカ」した知識人である福沢諭吉は『文明論之概略』に次のようなことを書いています。

「思想浅き人は、晩近世《ばんきん》の有様の旧に異なるを見て、これを文明と名づけ、我が文明は外国交際の賜物なれば、その交際いよいよ盛なれば、世の文明も共に進歩すべしとて、これを喜ぶ者なきにあらざれども、その文明と名のるものはただ外形の体裁のみ。もとより余輩の願うところにあらず。たといあるいはその文明をして頗る高尚のものならしむるも、全国人民の間に一片の独立心あらざれば、文明も我が国の用をなさず、これを日本の文明と名づくべからざるなり」

思慮の浅い人は、古いものを捨て去ることを文明化だと思い、「コクサイカ」を進めれば日本も文明化できると考えている。しかしそれはただの外形だけのことで、そもそも日本人に一片の独立心がなければ、そんなことには何の意味もない、というわけです。「一片の独立心」とは、われわれ自身の頭で考えること、日本の「旧なるもの」のうちに取るべきものを取り、残すべきものを残し、それを大切にした上に外国文明を取り入れる、ということでしょう。もちろん福沢は当時のもっともすぐれた外国通であり、英語に堪能だった。決して英語教育そのものに反対したわけではないでしょう。ただ、英語、英語といっているうちに、肝心要のもっと大事なものが忘れられ、気がつけば「一片の独立心」も失われてしまう、ということを危惧したのです。

『学問のすゝめ』には次のように書かれています。言語を学ぶことはことのほか大事である。自分が考えるところを人に伝えるには言語のほか何もないからだ、といった後で、次のようにいうのです。

「書生が日本の言語は不便利にして文章も演説も出来ぬゆえ、英語を使い英文を用いるなぞと、取るにも足らぬ馬鹿を言う者あり。按ずるにこの書生は日本に生れて未だ十分に日本語を用いたることなき男ならん。国の言葉は、その国に事物の繁多なる割合に従って次第に増加し、毫も不自由なき筈のものなり。何はさておき、今の日本人は今の日本語を巧みに用いて弁舌の上達せんことを勉むべきなり」

確かに『学問のすゝめ』が出版されたのは明治13年ですから、今日と状況は大違いということもできるでしょう。しかし、福沢の述べていることが、いわば「心構え」であり、彼のいい方だと、「議論の本位」のありか、ということだとすれば、基本になるのは、日本人はまずは日本語を巧みに操り、自分のいいたいことをちゃんと述べよ、といっているのです。しごく当然のことにほかなりません。

さて、この「コクサイカ」の問題をもっと突き詰めてゆくと、その奥底にはかなり大事な、あるいはかなり深刻なことがらが横たわっているように思えてきます。それは次のようなことなのです。

「コクサイカ」を誰よりも説いていたはずの福沢などがもっとも気にしたのは、「コクサイカ」の上に乗って滑っているうちに、そのうち日本人の「独立心」も同時につるつると滑っていって溶けてなくなってしまうのではないか、ということでした。

確かに、明治以来の近代日本は、ものすごい勢いで西欧の技術や科学を取り入れ、急激に国力を高めていった。いいかえれば、日本の高等教育機関、特に大学は、まさに西欧的知識の輸入窓口でもあったのです。西欧に追いつくという近代日本の課題達成がその使命だったのです。とりわけ東京帝国大学はそうでした。しかしそうであればあるほど、日本の学問は輸入学問になっていきます。自分の頭を使うことを節約し、他人の頭を拝借して、あたかも自分が考えたようにしゃべるのです。

しかしこうした、明治・大正という徹底した欧化と近代化という知的雰囲気のなかに生きて、なおかつ福沢のいう「独立心」をもって学問へ向かった思想家がわずかながらいました。その筆頭が西田幾多郎でしょう。

唯一の日本発の哲学

西田哲学がほとんど唯一といってよい日本発の哲学である、ということはしばしばいわれることで、確かに、西田の意図が、西欧哲学の成果を踏まえたうえで、それとは異なった日本の哲学を生みだそうとすることだったのは事実です。

と同時にまた彼は、ことさら西欧と日本を対立させるというより、西欧哲学を突き詰めれば、本当は日本精神（特に仏教）を踏まえた彼の哲学的立場へゆきつくだろうと思っていたことも事実です。自分の考えはより深く根底的だと考えていたのでしょう。そして、それを突き詰めることで、結果として、西田哲学はほとんど唯一の「日本の哲学」というべきものになったのです。

西田の文章に接した人が誰もまず感じることがあります。はっきりいえば、いったい、こりゃ何という文章なのだ、という印象です。内容の難解さだけではなく、飾り気もなく、読者に読ませようという配慮もない、同じようなことが繰り返される独特の文体であり、読みづらいことこの上ありません。日本でほぼ唯一の哲学は、また最高度に難解な日本語になっているのです。小林秀雄が皮肉まじりに、日本語でもない、外国語でもない、奇怪な言葉のシステムで書かれている、といっていますが、まさにその通りです。しかし、それは、小林もいうように、この独特の表現で書かれねばならない日本の思想的営みの悲劇というべきものなのです。

ではいったい何が西田をしてこの独特の文体をもった哲学へと向かわしめたのでしょうか。西欧と対抗する近代日本の宿願という課題に答えようとしたからでしょうか。それとももっと浅薄に明治の「コクサイカ」の流れに棹《さお》さしたからでしょうか。もちろん、そんなことは西田哲学とはまったく関係のないことです。しばしば、西田哲学は悲しみから生み出されたといわれます。それは西田自身が再三述べていることで、たとえば中期の代表的論文のひとつ「無の自覚的限定」（1932年）においても「哲学の『動機』は驚きではなくして深い人生の悲哀でなければならない」と述べています。

じっさい、西田幾多郎の人生はたいへんな苦難に満ちたものでした。年譜をざっと見てもほとんど息の休まるときもなかっただろうと思えてきます。また彼は、写真に写っているあの気難しげな風貌やその文体からして、世間から身を離してひたすら読書に没頭し、思索にふけり、人ともほとんど交わらない書斎の人のように思えますが、じっさいにはまったくそうではなかったようです。まず結構な激情家であり、行動の人でもあり、そのおかげで若い時には、政府の方針に抗議して、第四高等中学校を中途退学したりもしています。ともかく金沢での無頼の生活は彼にとっては人生におけるもっとも生彩を放った時期のようで、後年になってもしばしば金沢生活を追想しています。後に京都帝大へ迎えられますが、この時代にも、弟子たちとの交わりをきわめて大切にしていたようで、日記によると、しょっちゅう友人、知人と会っており、テニスに興じていたようです。もっともテニスにはしゃいでいる西田像はあまり想像したくはないのですが。

　哲学が人生から始まり、人生へ向かい、人生で終わる、ということは西田の一貫した信念でした。生きるために哲学をするのであって、知識を求めるためでもなければ、社会の役に立つためでもありません。自分の人生だけがさしあたりは西田の問題だったのです。哲学はつねに人生と切り離すことはできず、行為する自己の苦悩だけが哲学の動機だ、といっているのです。

　エッセイのなかで西田は、「或教授の退職の辞」を記しています。京都帝大で定年退官の教授の慰労会が開かれました。定年教授ははにかみ屋で、口ごもってなにやらもごもごとしゃべったのですが、何をいったのかよくわからない。そこで、宴も一段落ついたとき、もう一度、かの教授が口をひらいて話しだした。彼はこういったのです。

「回顧すれば、私の生涯は極めて簡単なものであった。その前半は黒板を前にして坐した、その後半は黒板を後にして立った。黒板に向って一回転をなしたといえば、それで私の伝記は尽きるのである。しかし明日ストーヴに焼《く》べられる一本の草にも、それ相応の来歴があり、思出がなければならない。平凡なる私の如きものも六十年の生涯を回顧して、転《うた》た水の流と人の行末という如き感慨に堪えない」

こうして彼は、その人生をごく簡単に回顧します。この文章は、退官教授の話を聞いた給仕の弁を誰かが書きとめたという体裁になっていますが、いうまでもなくこれは西田の退官の辞です。西田の人生は、決して黒板に向かってただ一回転した、というようなものでもなければ、平々凡々なものでもありません。しかしそれを彼は、明日ストーヴにくべられる草にもそれなりの思い出がある、とつつましい口調で述べているのです。

西田の一生をきわだたせているもの、それは多くの近親者との死別でした。13歳で姉と死別、34歳の時に弟が旅順で戦死、36歳の時に5歳の次女を失い、また生まれてすぐの五女を失います。49歳の時に妻が脳溢血で倒れ、数年の介護の後54歳の時に没します。また50歳の時には三高生であった長男を失い、同時期に三人の娘たちがあいついで大病を患い、西田はたいへんな心労を重ねたようです。そして70歳の時に四女を失い、74歳の時に長女を失う。西田自身の死もこの年でした。１９４５年6月、終戦の2か月ほど前のことです。

　またいわゆるアカデミック・キャリアなるものも、決して順風どころではありません。まず13歳で石川県師範学校へ入学しますが、すぐに病気のために退学。その後、石川県専門学校へはいるものの、それが第四高等中学校に改校され、その校風があわず落第、ついには退学します。その後、文科大学（東京帝国大学）へ進んだものの、これは本科ではなく選科であり、ずいぶん差別的な待遇に甘んじたと述懐しています。その後、中学校の教師をへて第四高等学校の講師になるものの、すぐに免職にあう。最終的に京都帝大に落ちついたのは40歳の時でした。

　どうみても、順調な人生とはいえません。しかも、彼の定年後には日本は急速に戦争への道をころげおちてゆきます。近衛《このえ》文麿《ふみまろ》が西田の弟子であったこともあるのでしょう。西田自身も陸・海軍などで意見や講義を求められ、政治の舞台とは無関係ではありえなくなる。そして、そのことから、戦後に西田哲学を大東亜共栄圏の思想的バックボーンであるとか、戦争協力イデオロギーだなどというレッテルをはられることになるのです。

　もちろん、西田自身は戦争を望んでいたわけではなく、近年発見された資料（「大島メモ」など）によると、西田はむしろ戦争回避のために積極的に軍に働きかけようとしたようです。１９４１年の12月8日、日本軍の真珠湾攻撃の報を聞いた西田は、たいへんに悲痛な面持ちだったといわれています。いずれにせよ、西田は、その意に反して、時局の渦《うず》に巻き込まれてゆくのです。

根源の「無」

こうした人の人生をとてもではありませんが、平凡な「一本の草」と片付けるわけにはいきません。しかし今いいたいことは、彼の人生がただ波乱にとんだものだったということではなく、人生の基底に彼が「悲哀」を見出し、それを徹底的に見つめ、哲学にまで仕立てた、ということなのです。

この「悲哀」の源泉は、人の死です。家族の死であり、どうにもならない運命の享受なのです。「我が子の死」と題するエッセイで西田はほとんど感情をむき出しにしています。子どもに死なれることは、悲しい、ともかく悲しい、と。

「今まで愛らしく話したり、歌ったり、遊んだりしていた者が、忽ち消えて壺中の白骨となるというのは、如何なる訳であろうか。もし人生はこれまでのものであるというならば、人生ほどつまらぬものはない、此処には深き意味がなくてはならぬ、人間の霊的生命はかくも無意義のものではない。死の問題を解決するというのが人生の一大事である、死の事実の前には生は泡沫の如くである、死の問題を解決し得て、始めて真に生の意義を悟ることができる」

もちろん、この悲痛な嘆きは別に西田に特有というわけでもないし、我が子の死に直面するという経験が堪えがたいものであるとしても、これも別に西田に襲いかかった特異な不幸というわけでもありません。しかし、西田はこの苦痛や悲哀を哲学にまで高めた。そしてそのことこそ、西田哲学の基調が、いかに特異で難解な文体で書かれていたとしても、何かわれわれの心に響くものをもっているゆえんなのでしょう。

西田はこのエッセイの最後の方でまた次のように書いています。

「いかなる人も我子の死という如きことに対しては、種々の迷を起さぬものはなかろう。あれをしたらばよかった、これをしたらよかったなど、思うて返らぬ事ながら徒らなる後悔の念に心を悩ますのである。しかし何事も運命と諦めるより外はない。運命は外から働くばかりでなく内からも働く。我々の過失の背後には、不可思議の力が支配しているようである、後悔の念の起るのは自己の力を信じ過ぎるからである。

我々はかかる場合において、深く己の無力なるを知り、己を棄てて絶大の力に帰依する時、後悔の念は転じて懺悔の念となり、心は重荷を卸《おろ》した如く、自ら救い、また死者に詫びることができる」

このエッセイは、実は、西田の友人がその娘を亡くし、亡児の記念のために書かれたものです。ですから、友人への慰藉の意味もあったでしょう。しかし、西田の心情が何のかざりもてらいもなく表わされていることも事実で、ここに西田の宗教的なものへと向かう心情が吐露されていることは明らかでしょう。

西田哲学はしばしば「無の哲学」といわれます。「無の場所」「絶対無」「無の自覚」といった「無」という言葉が彼の哲学のキーワードになっているからです。西田哲学の「無」については、また後で論じてみたいと思いますが、さしあたりここで述べておきたいことは、「無」へ辿りつく彼の思索が、決して彼の人生上の苦難や悲哀と無関係ではない、ということなのです。

いや、人生上の苦難なら人によっていくらでもあるでしょう。西田は、それを「悲哀」として感じとり、さらにそれを突き詰めて「無」という、いわばいっさいを脱色し、感覚的なものもそぎ落とした抽象的概念へ辿りついた、ということです。このように、彼は自分の人生を昇華し、もはや自分一人の人生というものも脱色してしまったのです。

西田の文体の難解さは、ほとんど他人に読ませようという配慮のないところで書かれており、いわば自己との対話であり、考えを書きつけ、また考える、といった体のものです。つまり、彼は、悲哀を感じ、苦痛を感じる己を徹底して内省し、自己の内面のもっとも深いところまで降りて行くことで、己を消し去ろうとしていたのでした。

この徹底した内面への沈潜、もしくは自己了解は、自己を消去するという形で自己を超え出てしまう道でもありました。自己の内なる根源へ向うことで、もはや、人生の悲痛や苦悩や楽しみに一喜一憂している自己や自我などというものを消し去ってしまおうとしたのです。その先に彼が見出したのが「無」としか呼びようのないものだった。根源にあるものは、すべての現象の彼岸であり、またそこからすべてを生じさせる「無」にほかなりません。子どもの死には何か意味がなければならない、と西田は書いていました。死には意味がなければならない、人生の出来事にはそれぞれなりに深い意味がなければならない、と彼は書いている。

この「深い意味がなければならない」は、実は、「本当は何の意味もない」という根源的な立場と背中合わせなのです。もちろん、西田は人生そのものにあらかじめ特定の意味があるとは考えていないでしょう。己の好きなように人生を操れるとももちろん思っていない。己も含めて根源的なものは「無」なのです。だからこそ、この現実のなかで、人は、そこに自ら意味を与えるのです。人生を解釈するのです。子どもの死などという不条理で納得不能な出来事が生じた時、その経験が、人生に深い意味を要請するのです。出来事に意義を要求するのです。

と同時に、この意味は、もともとどこかで確定されているものでもない。考えればでてくるものでもない。根源的には「無意味」です。本当は我が子の死に特別の意味はないのです。そしてそのことをそのままで受け止めるほかない。その時に「運命」という言葉が使われるのです。「運命」は己の力で動かせるものではない。自分で好きなように意味を与えられるものでもない。この「自己の力」を捨て、「己を捨て」たときに、根源にある「無」が「運命」という響きをもってたちあらわれるのです。これはひとつの救いといってよいでしょう。日本で唯一の「日本の哲学」は、かくて、コクサイカや文明開化などとは何の関係もない、西田幾多郎という一人の受難者の人生から生み出されたのでした。

第二章　「純粋経験」とは何か

「日本的な」答え

　科学技術こそがこれからの経済を牽引する動力だといわれ、政府も「知識基盤社会」の構築などといっています。科学知識は国境をこえたグローバルなもので、国境を取り払わねばならないというわけです。

　その結果、一種のグローバル競争が生じる。グローバル競争に勝たなければ日本経済の発展はない、という。現在のところ、世界の大学ランキング１００において、日本は二校しかはいっていない。東大が23位、京大が52位だ、これは大変だというのです。何やら一流大学に入る受験高校のランキング競争みたいなものです。

　そもそも世界の大学ランキングなどいったいどうして測るのか。端的にいえば、優秀な研究者が多い大学はランキングが高い。では優秀な研究者とは何かといえば、すぐれた（とされる）学術雑誌に掲載された論文数が多いとか、論文の引用される回数が多いといったことです。

私は、こういった類のことには関心が持てないので、東大が世界ランキングのビリから二番目になろうが、京大が最下位になろうがかまいませんが、知識というものが、本当に国境を越えてしまうのか、ということは気になる。

自然科学においては、確かに、理論体系も方法もある程度、標準化されているために、その成果についてグローバルな競争ということもあるのかもしれません。

しかし、少なくとも、社会・人文系の知識についていえば、歴然と国境は存在します。いや、正確にいえば、知識は確かにグローバル化できる。アメリカで発表された論文はすぐにわれわれの手元にも届くし、アダム・スミスやホッブズやロックや、新しいところでは、ニーチェやハイデガーやアレントやフーコーなどは、完全に国境を越えて読まれている。

確かに彼らが扱ったテーマや直面した問題は、日本人である私などにもよくわかるし、私自身、こうした思想家から多くのものを学びました。その意味では普遍的な問題を扱っているのです。

しかしまた同時に、本当に彼らが考えていたことを私は理解していたのだろうか、という気もしてきます。いや、彼ら自身も意識していない「無意識の思考」のようなものが実は横たわっているのではないでしょうか。特にヨーロッパの思想家が、ヨーロッパの文化的な蓄積に対して無関心のはずがありません。ユダヤ・キリスト教文化、古典古代の伝統、中世に生み出された知的体系、それぞれの国のもつ精神的個性、こうしたものと無関係に思考をすすめるはずがないのです。

だから、彼ら自身がどこまで自覚的かは別として、彼らの思考そのものが、これらの文化のなかで作られ、その文化の刻印を帯びていることは間違いない。

かつて遠藤周作はフランスに留学した経験を『留学』という書物で小説化していますが、そこで、遠藤は、いかに表面的な知識において、日本人がフランスの文学を理解しても、その文学を生みだした背景をなすあの分厚いヨーロッパ文化を本当に理解することは不可能だ、といっています。キリスト教がもたらした幾多の文化的装置、精神的伝統、王権と宗教の対立、古典古代への憧憬《しょうけい》、人間と神をめぐる問題、神的なものと悪魔的なもの、こういったヨーロッパ文化を形成しているものの意味を日本人は本当に理解できるのだろうか、というのです。

ここにはどうしても国境がある。知識としては理解はできるし、それを参照してあれこれ考えることはできるのです。だから、西洋思想からわれわれは多くのものを学ぶことはできる。それは大切なことです。しかし、本当に「わかった」といえるのでしょうか。いや、「わかっているのか」それとも「わかっていないのか」、そもそもその確信がつかめないのです。

さて、前章で、西田幾多郎の人生について少し書きました。西田哲学は、ほとんど唯一の日本人の手になる哲学だとされています。いうまでもなく、彼は西洋哲学を学び、アリストテレスからカント、ヘーゲルを中心とし、ベルグソンやウィリアム・ジェームズ、新カント学派といった同時代の欧米哲学から大きな影響を受け、最先端のハイデガーなどと通じるところもある。

しかし、西田哲学が、その「チョウ」がつく難解さ、もしくは読みにくさにもかかわらず、われわれの関心を惹いてやまないのは、そこに、明瞭に「日本的なもの」へ向かう志向があるからでしょう。西田哲学の面白さ、重要さは、西洋哲学から多大な刺激を受け、西洋哲学の問題を引き受けつつ、そこに「日本的な」答えを与えようとした点にあります。

しかもそれだけではありません。「日本的なもの」への志向こそが、実は、真理（実在）へ肉薄するもっとも根源的な方向を示している、と西田は考えているのです。

西田の関心は、西洋哲学の限界を突き詰めて、もっと深いレベルにまでゆくことでした。そしてそのもっとも深いレベルで彼が見出したものは、「日本的」としかいいようのない（彼は、しばしば「東洋的」といっていますが）観念だったのです。だから「日本的なもの」への志向は西田哲学を日本に閉ざすのではなく、それどころか、それを「世界的なもの」にさえしているのです。

かくて「私」は存在する

ここでは、とてもではありませんが、西田哲学の「哲学的」な解説などできませんので、その基本的な発想を私なりにかみくだいて、あまり西田の「哲学」にこだわらずに論じてみましょう。

たとえば、ある朝、公園へ行ってみると、桜の花が一気に満開になっていたとします。美しさにアッと息をのみます。少しして「何と美しい花だ」といいます。これは「私はきれいな桜を見た」という経験です。

と書いた途端に疑問がでてくるでしょう。果たして本当にそれは「経験」なのでしょうか。「何と美しい花だ」という時には、「この花は美しい」という事実がいわば対象化されています。だから、「私は美しい花を見た」ということができるのです。「私」が「美しい花」を「見た」のです。これは認識であって、経験ではありません。

しかし、花を見た一瞬、アッと息をのんだ時、私は確かにある経験をしています。しかし、この時には、「私はいま桜を見ている」ということさえもできません。「きれいな桜だな」などと考えたりもしません。そんな明瞭な認識はないのです。この一瞬には言葉もでてこないのです。ただ「経験」があるのみです。そこには、「私」もなければ、対象化された「桜」もありません。いわば両者が融合したような経験だけがあるのです。

西田は、こうした経験を「純粋経験」と呼んだのですが、これは、「私」という主体と「桜」という客体が区別される以前のもので、「私」というものは、後からその経験を振り返ってでてくる。

ところが、西洋思想は、ここから抽象的な「私」を自立させました。具体的な経験から「私」を切り離してしまい、「私」を独り歩きさせたのです。すると、その「私」が、花を見たり、酒を飲んだり、道を走ったり、歌をうたったり、といった様々な経験をするのです。ここで、「私」という主体が、花や酒や道といった多様な「客体」に働きかけるのです。しかし、西田のいう「純粋経験」はそれ以前の状態です。

西洋思想はしばしば「主体」と「客体」を整然と区別するといわれ、その明瞭な出発点はデカルトにあるということになっています。で、デカルトが述べたことはどういうことだったのか。17世紀初頭の宗教戦争で大混乱に陥ったヨーロッパで、一兵士として出征したデカルトは、この現実に絶望し、それを理解するための知識がまったく存在しないことに絶望します。いわばニヒリズムに陥ったのです。ある時、デカルトは出征先のドイツのある田舎の農家にあって、ひとり部屋に閉じこもってあれこれ思索にふけっていましたが、この絶望的な懐疑のなかにあって、彼はひとつの考えに到ります。

それを彼は『方法序説』のなかで次のように述べている。「私がそんなふうに一切を虚偽であると考えようと欲するかぎり、そのように考えている『私』は必然的に何ものかであらねばならぬことに気づいた」（岩波文庫より）。そして絶対に確実なひとつの真理にゆきつくのです。それが、「私は考える。ゆえに私はある」という確信でした。有名な「コギト・エルゴ・スム（我思う、ゆえに我あり）」です。彼はこれを疑いえない「哲学の第一原理」とするのです。

すべては疑わしい。感覚的に確かだと思っているものも、実は悪魔の欺《あざむ》きかもしれない。しかし、すべてを疑っている「私」の存在だけは疑いえない、という。

ここから、デカルトはさらに「私」を自立させてゆく。疑い、考えている限りで「私」はあるのです。『省察・情念論』という書物ではこう書いています。

「『私はある、私は存在する』というこの命題は、私がこれをいいあらわすたびごとに、あるいは精神によってとらえられるたびごとに真理である」（中公クラシックスより）

かくて、彼は、一切の現実（それは疑わしいものです）から離れて、「私（我）」を定立させる。しかもそれは、具体的な体、つまり身体的なものからは独立している。いわば身体をもたないのです。なぜなら、身体は、視覚、聴覚、触覚などの感覚からなっており、デカルトは、感覚はいわば悪魔の欺きに等しいものと最初から疑っているからです。

こうして、「考える」限りで、「私」が存在する。とすると、いま引用したように、「私がある」と考えている限り「私」はあるということになる。かくて確かに「私」は存在するのです。しかしそれは何とも奇妙奇天烈な「私」でしょう。これは、現実（世界）から切り離された抽象的な「私」であり、身体をもたない抽象的な「精神」というべきものなのです。

だから、そこには国境もなければ、国籍も文化もありません。他人との交流や社交という経験もありません。顔つきも表情も体臭もありません。国や特定の文化などから超越した「私」なのです。具体的なこの世界の経験など、デカルトにとっては悪魔が与えた錯覚なのかもしれないのです。

しかし、この無国籍的で、無味無臭で、蒸留水のように純化された抽象的な「私＝精神」が自立して初めて科学も科学技術も成立するのです。この「私」は、いっさいの経験を信じず、論理だけにたよって、この世界を理解しようとします。具体的で経験的な現実ではなく、論理的に構成されたものだけが真の世界なのであり、この論理的構築物はきわめて普遍的なものとなるでしょう。

ここに、近代科学が探し求める普遍的な「法則」もできますし、それをもとに「理論体系」もできてくる。「現実」はさまざまな要因から成り立っており、そこには偶然もあれば、本質的でないこともある。変化も変異もある。しかし、その背後で本当に現実を動かしている「本質」は、「法則」や「理論」によらなければ理解できないのです。だからまた、「法則」や「理論」を使うことによって「現実」を動かすこともできるようになる。

かくて物理学は理論を駆使することで人間を宇宙まで飛ばすことができるようになり、また、原子力というものを発見することで、戦争の意味を一変させたのです。あるいはこの「科学的」な考えが「社会」に適応された時には、もしも「現実」が、「理論＝理念」と異なれば、現実を変えなければならない、ということになるでしょう。実際には「エセ法則」だったのですが、マルクス主義は、「歴史法則」などといいだして、革命は必然だといったのです。人間が自分の都合のよいように、社会を変えることができる。この場合に、現実より理念や法則の方が「合理的」なのです。

西田の観点

こうして、デカルトは、西洋の近代科学や近代思想を基礎づけたとされる。そして、この理論の認識主体は、あの身体をもたない、国籍ももたない抽象的な「私」ですから、いうまでもなく近代科学も近代思想も国境をこえた普遍的なものになる。それはグローバル・スタンダードにされてしまうのです。

さてこういうと、いかにもデカルトは浮世離れした学者であり、なにやら知的独房で生活した孤独な理論家にみえてきますが、実はまったく違っています。彼は、幼少のころから書物という学問によって育ち、学問だけが人生についての確実なことがらを準備してくれると考えていました。かくてありとあらゆる書物を読み、学問をおさめたあげく、学問からえるものが何もないと考えたデカルトは、「世間という大きな書物」を読むために、生きた経験をもとめて、旅行者として、兵士として「世界」へでてゆくのです。

そしてそこで彼は、自分がやってきた学問も書物もまったく無意味であることを知り、学者などというものを信じることができなくなります。『方法序説』で彼は書いています。内容空疎な「空理」を本当らしく見せようとすればするほど、ますます多くの才智や作為を弄《ろう》さねばならなくなる。常識から離れれば離れるほど、内容は「空」になる。それが学者というもので、学者が書斎でやっている推論などよりも、現実のなかでひとつ判断を誤れば処刑されかねないような重大事に際する人間の必死の推論の方が、はるかに真理に富んでいる、と。

これがデカルトの「経験」だった。学問も学者も書斎も、しかしまたこの世界も信じられないというのがデカルトの経験だったのです。だから小林秀雄は、デカルトは合理主義者どころか、徹底した経験主義者だというのです。

この「経験」のなかでは「私」などいないのです。「考えている私」などというものはまだいないのです。そして、この「経験」のクライマックスが、あのドイツの田舎の小部屋でした。デカルトはあの農家で暖炉《だんろ》を見つめていて、アッと思い、ある確信に辿りついた。確信は一瞬のうちに彼に襲いかかったのです。この時には「私」などというものはありません。ある「経験」だけがあったのです。暖炉の火とほとんど一体となった無意識の思考だけがあったのです。デカルトの「我思う、ゆえに我あり」は本質的には「経験」だったのです。

しかしそれを「我思う、ゆえに我あり」といかにも論理的に書いた時には、これはもう経験ではありません。この「我」は抽象的で、どこにもいない「私」なのです。このような操作の果てに、西洋の科学や思想を支える「私」という「主体」と、「世界（対象）」という「客体」の主客二分法が成立するわけです。そして、後から押し出されてきた抽象的な「私」を、暖炉を見ており、アッと思った「私」にまでさかのぼって、「私は考えていた、だから私はある」という風に、両者を同一化したのです。

しかし、純粋経験こそが本質（実在）だとする西田の観点にたてば、「私」という

「主体」は後づけで反省的に打ち出されるもので、純粋経験のうちにはない。西洋の科学が前提にしている「主体」や「客体」というものは、いわば仮構されたものであって、それを前提に思考を始めるわけにはいかないのです。

むしろ、この強烈な経験があるからこそ、そこから「私」が押しだされてきたというべきでしょう。「私」が「経験」するのではなく、「経験」が「私」を生みだすのです。経験があるからこそ、それを反省的に理解して、そこに「私」がでてくるわけです。「個人あって経験あるのではなく、経験あって個人あるのである」（『善の研究』）というわけです。

そこで、もしも、暖炉を見ていたあの瞬間、桜を見て息をのんだ瞬間に戻ろうとすれば「私」というものを消し去らなければなりません。「私」を無化しなければなりません。少なくとも、「私」が「私」がといっている間は、「私」と「桜」が一体となっており、息をのむ感動だけが漂うというあの瞬間を想起することも難しいでしょう。まずは、「私」は無であるとしなければなりません。

それは、美しい桜を見て息をのむといったいささか特別の瞬間に限りません。考えてみれば、われわれは、普通、日常生活のなかで常に「私」を意識しているわけではありません。特に何かに熱中している時など、本当は「私」などどこかへとんでいっているのです。だから、いかにも純粋経験らしい経験は時たまやってくる特権的瞬間だとしても、かなり緩やかでおだやかな純粋経験（らしき状態）は、何も特別のものではなく、本当は日常のあちこちに存在するのです。

桜に感動した時、われわれは「あまりの美しさに、我を忘れた」などといいます。しかし、「我」が確かにあって、たまたま「我」の意識がぶっとんだというわけではない。逆なのです。あの瞬間を反省した時に「我」がでてきたのです。あの瞬間には、「我」にあたる部分は「からっぽ」なのです。そして、この「無」があるからこそ、その後で、反省的に「私」が立てられることになる。だから「私は、私でなくして、私である」というようなことになる。

西洋思想では、この「私」という「主体」は決定的に重要なもので、「私」という「主体」が自然に働きかけて、自然をコントロールしたり、社会に働きかけて理想社会を実現したりしようとする。こうなると「私」という「主体」がますますのさばりだし、我がもの顔で「歴史を作る」などといいだす。西洋が生み出した近代社会とは、「私（人間）」という主体が、自然や社会や世界という「客体」に作用して、それを人間にとってより有用なものへと作り変えてゆく社会でした。自由、平等の理念や民主主義の政治体制、産業技術や経済発展、宇宙開発や遺伝子科学まで基本的にすべてこの「主体」の思想に基づいているのです。

「私」とは何か

しかし、日本の思想には、どこか、「私」を消し去り、無化してゆく方向が色濃くただよっています。「主体」というものを打ちださないのです。これは、言語的にいえば、日本語では、しばしば主語を省略したり、主語を重視しない、という点にもあらわれてくるでしょう。和歌や俳句でも通常、主語はありません。一場の情景と、その場に溶け込んだ詠《よ》み手の感情が一体化して切り詰められた言葉に乗せられるのです。むしろ、私を消し去ったところに、自然と一体となったある情感や真実が享受されると考える。「私」の思想や「私」の思いや「私」の経験を強く訴えるという散文はもともと日本人の得意とするところではなく、それは西洋的なものといってよいでしょう。

しかしまた、西田の「純粋経験」という考え方は、一方できわめて日本的であると同時に、実は、本当は西洋思想の根底にもあるはずだ、ということになる。西田は、これを「真実在」と考えており、別に日本人にしか理解できない、などといっているわけではまったくありません。すべての認識のもっとも深いところにあるものなのです。しかし、デカルトが経験主義者から合理主義者に変わった時に、西洋思想は、少なくとも、それを合理主義や近代主義という大きな河の流れの表層からは隠ぺいしてしまった。いわば川底へ隠してしまいました。

そしてこの流れを整備してそれを近代科学と称したのです。真理というものは、人間という理性的主体の合理的思考によって初めて把握される、ということになる。だから、真理は、具体的な経験のひとつひとつのなかにあるものではありません。桜を見た一瞬の感動というものは、科学的真理とは何の関係もないもので、ただただある人の主観的で心理的な感覚に過ぎないのです。科学からするとそうなる。

もしこれを科学的真理と結びつけようとすれば、アンケート調査でもして、日本人の何パーセントが桜に感動するのか、欧米人はどうか、中国人はどうか、などという「客観的」な調査をすることになるでしょう。そしてその結果を、脳科学者なる近年急成長した現代の司祭が、脳の作用によって説明してくれるでしょう。

しかしそんなことは桜の感動とは何の関係もありません。個人の主観だ、個人の心理だということ自体が、すでに「純粋経験」をまったく捉えそこなっているのです。

前章でも書きましたが、西田は、8人の子どものうち5人までを失っています。これはまだ妻と死別する前ですが、大学のある同僚（朝永三十郎《ともながさんじゅうろう》）にあてた手紙のなかでこんなことを書いています。「余の妻よりよき妻は多かるべく、余の友よりよき友は多かるべし。しかし余の妻は余の妻にして、余の友は余の友なり」。

そうだとすれば、妻子の死に直面した西田の悲しみは、まさに西田の悲しみであって、世に子どもを失った親はあまたある、という話ではありません。悲しみという経験は、それがたとえどれほどちっぽけでささいでつまらないものであっても、他人に代わってもらうこともできません。他人の悲しみと比較することもできません。それは個人の実存にかかわる経験なのです。そこにどうしようもない、「個」というものがでてくる。抽象的な「私」ではなく「個」なのです。「経験」という場において「個」が意識され、たちあげられるのです。桜の美しさに感動するというような経験も、究極のところ、言葉で表現して他人に伝えられるものでもありませんが、おそらくは、悲しみの感情は、それ以上に「個」というものをいやおうなく屹立《きつりつ》させるものなのです。こういう「個」を屹立させる経験をただ「主観」というわけにはいきません。

とりわけどうしようもなく理不尽な経験をした場合、私たちは、つい「どうして自分がこんな目にあうのか」と思ってしまう。「なぜ自分なのか」と自らを責めてみたり、運命を呪ってみたくなります。平安時代の日本人は、そこに怨霊のような人智を超えた超自然的原因を想像することができたのですが、今日のわれわれは、肉親の死を怨霊のせいだというわけにはいきません。この理不尽さの前に一人で立ち尽くすほかないのです。

しかしまた、実は、「なぜ自分がこんな目にあうのか」といった時には、もうそれは本当の経験ではなくなっている。チャイコフスキーが「悲愴交響曲」というあの絶望的な曲を書いた時には、彼は絶望そのもののなかにいるのでない。絶望を曲にする「私」がそこにいるわけです。本当に絶望という経験そのもののなかにいる時には、作曲などできないでしょう。そして身内を失った苦痛を訴える時、そこには「自分」がたちあらわれ、やがてそれは「私」になり、反省的に振り返り、説明を求めてくるのです。ここに、ある程度、経験を客観化した「私」がでてくる。

しかし、その場合、デカルトのように、経験よりも前に最初から「私」があり、しかも一貫して変わらぬ「私」がまずある、とすれば、この「私」を消し去ることなどできないでしょう。「私」は常に、経験を捉え返し、それがどうして生じたのかを考えるほかない。巨大地震がやってきて、一瞬にして家が流され、身内が死ぬ。この筆舌に尽くしがたい苦しみを事実として捉え返し、ではどうすればよいか、と考える。この事態を引き起こした原因はどこにあるのか、地震を引き起こすメカニズムは何なのか、という方向にゆくでしょう。

しかし西田的にいえば、苦痛のなかから「どうして私はこんな目にあうのか」と思った時、その経験を通して初めて「私」がでてくるのです。そしてもしも「私」が、このとてつもない経験によってでてきてしまったのだとすれば、その「私」は無化することができるはずです。完全に「無」へと戻すことはできないにしても、できるだけ「自我」を抑えることはできるのです。いや、その方向へと働く意識があるのではないでしょうか。前章でも引用しましたが、西田は「我が子の死」と題するエッセイのなかで次のように述べていました。

「後悔の念の起るのは自己の力を信じ過ぎるからである。……深く己の無力なるを知り、己を棄てて絶大の力に帰依する時……」

「いったいどうしてなのだ」という時には、すでに自我がのさばっている。「ああすればよかった」と後悔する時にも、すでに自分をかいかぶっているのです。

その「自我」を捨てなければならない。「無」の方へ押しやらなければならない。そして、この「無」こそが本当に「私」がいる場所なのです。喜びであれ、驚きであれ、悲しみであれ、純粋経験の方が、根本的実在（真実在）なのであって、「私」などというものは根本的には存在しない、あるのは、ただ様々な経験だけだ、というのです。

さて、ここまで西田の「純粋経験」に即して論じてきました。ここまできて、私は、西田の友人の鈴木大拙の言葉を思い出します。たとえば大地震か何かがあって肉親が死ぬ。愛する者が死ぬ。悲しく苦しい。ここではもはや自我も私もありません。ただただ慟哭《どうこく》するだけです。しかしそのさなかでも、何か、それを見ているものが私のなかにある、というのです。決して慟哭もしなければ動きもしない、慟哭する私を見ているものがある、というのです。慟哭する私を見ているもうひとつの私のようなものがあるという。ではそれはいったい何なのでしょうか。

ここまでくれば純粋経験だけでは話はすまないのです。そして実は、そこにこそ、西田哲学の決定的な重要性があるのです。

それは次章で書いてみたいと思います。

第三章　「絶対無の場所」について

「悲しみの哲学者」というべき西田幾多郎の人生は相次ぐ肉親の死にあい、たいへんな苦難の人生でした。この「経験」はつらく厳しいもので、西田自身もほとんど慟哭のような文章をつづったりしています。また諦念を望むような短歌を残したりもしています。

我心　深き底あり　喜も　憂《うれ》いの波も　届かじと思ふ

肉親を突然に失うという理不尽はもちろん西田だけに起こったことではありません。誰の上にも降りかかるもので、先の東日本大震災でも多くの人が筆舌に尽くしがたい経験に襲われたのでした。

ところが鈴木大拙は、この筆舌に尽くせない悲痛な経験のさなかにも、決して慟哭もしなければ、泣き叫びもせずに、ただじっとそれを見ている「何か」があるといいます。

「親しい人、愛する人が死んだとする、それを否定しない、否定しないのみか、自分は慟哭する。が、どこやらに慟哭せぬものがちゃんとそこにいる。しかし慟哭するものをみて、それと一緒に慟哭していながら、ちゃんと無喜また無憂という奴がある。これが事実なのです」（『無心ということ』）

愛する者の死というつらい「経験」のさなかで、しかし、無喜、無憂というものがそこにいる。「非人情」というものがある。あるいは般若の「心非心」というものがある。いわば、何もいわずに無言で、この事態をじっと見ている「何か」がある、という。西田は先に記した短歌で、喜びも憂いも届かぬ「底」がある、と述べていました。この「底」は、慟哭のさなかにありながら決して慟哭せぬ「何ものか」なのです。

しかしそれは何なのでしょうか。

決して「慟哭せぬもの」

ある時、家族の不幸に襲われてたいへんな苦痛を強いられていた知人が、少したってからいったことがあります。「あの頃はどうしようもなくつらかった。だけど何とかなったのは、それを見ている自分がいるんだな。だから何とかなったのだな。しかし、それももしかしたら、学者という職業柄、そういう習慣があったからかもしれない」。

そうかもしれません。その経験をじっと見ている「自分」がいる。「自分」が経験を対象化し、それを解釈している。その限りでは、常に悲しみや苦痛は対象化され、「自分」はその苦痛に全面的には巻き込まれていないのです。

しかし、その「自分」とは何ものでしょうか。それは鈴木大拙のいう、決して「慟哭せぬもの」と同じなのでしょうか。

普通、われわれは次のように考えます。いつも意識されるわけではないにせよ、あれやこれやの経験に先だって確かに「私」がおり、その「私」があれこれの出来事をひとつの「経験」として理解したり解釈したりする。

特に西洋思想ではそのような不動の「私」を経験に先立って打ち立てて、それを「超越的自我」だとか「先験的主体」だとか呼びました。その延長上で、カントは、具体的な経験を統合する「超越論的主観」こそが認識を可能としている、と考えました。ここでは、具体的な経験に先立ってまず「私」があり、その「私」が経験において喜んだり悲しんだり苦しんだりするのです。

しかし、果たして、そんな不動で抽象的な「私」が存在するのでしょうか。別の考え方ができないのでしょうか。

そこで、次のようなことを考えてみたいのです。

そもそも「私（サエキ）」という人間を定義することはできるのでしょうか。

たとえば、「サエキは何者だ」と知り合いに聞いてみたとします。様々な答えが返ってくるでしょう。

「サエキは大学教師である」

「サエキは日本人である」

「サエキはメガネをかけている」

「サエキは気難しい人間だ」

はたまた、「サエキはアホである」。

どれもあたっているかもしれません。しかし、こんなことではとてもではありませんが、「サエキ」を定義したことにはなりません。「サエキは日本人である」にせよ、「サエキはアホである」にせよ、「サエキ」という主語をある述語で説明するという命題（判断）なのですが、この種の命題をいくら積み重ねても「サエキ」には到達しません。

どうしてかというと、この命題は次のような考え方に基づいているからです。まず主語があり、述語はその主語を説明するものだ、という考えがそれです。だから述語は主語のもつ性質を示していると理解される。たとえば、ここでは「サエキ」なるものがまずある。そして「サエキ」の属性として「大学教師」や「日本人」や「気難しい」などがあるのです。

確かにこれが我々の使う通常の論理（判断）なのですが、これでは、「サエキ」には決して到達はできないのです。色々いってみても、「サエキ」は何者なのか、さっぱりわかりません。「サエキは……である」をいくら積み重ねても決して具体的にここにいるこの「サエキ」と呼ばれている実体そのものには到達できないのです。この「サエキ」なる存在は「主語」にはなっても決して「述語」にはならない。「……こそはサエキである」というような形では表現できないのです。

しかもこの「サエキ」なるものは、いかなる「述語」を積み重ねても最終的に捉えられるものではない。「大学教師」だの、「メガネをかけている」だの、「歌がヘタ」だのという特質を並べ立てて記述しても、「サエキ」の全体を捉えたことにはなりません。「サエキ」と呼ばれるある存在はひとつの「個物」というよりほかにいいようのないものなのです。

こうなると、個物は実在だともいえるし、存在しない、ともいえるでしょう。じっさい、この場合「サエキ」は定義できませんから、論理的には、そんなものは存在しないのです。

「場に過ぎない」

そこで、次のように考えてみればどうでしょうか。

「サエキは日本人である」という命題を、属性の判断ではなく、包摂判断とみてみる、ということです。

先の考えでは「日本人」を「サエキ」の属性のひとつとみた。「サエキは気難しい」といった時に、「気難しい」は「サエキ」の属性だと考えた。述語は主語のもつ属性になっている。

しかしそうではなく、この命題を次のように見てみましょう。「サエキ」という特殊なものが「日本人」という、より一般的なものにおいて存在している、と。「サエキ」なるものは「気難しい人」というより一般的なカテゴリーの上で存在している、ということです。もう少しわかりやすくいうと、「サエキ」は京都在住である。「京都人」は、より一般的なカテゴリーである「日本人」に包括される。したがって、当然、「サエキ」は日本人でもあります。そして、「日本人」は、より一般的な「人間」に包括される。

これをいいかえれば、「人間」のなかで「日本人」が限定され、さらに「日本人」のなかで「京都人」が限定され、「京都人」のなかで「サエキ」が限定される。つまり、主語はより一般的なものにおいて存在し、一般的なものによって限定される、ということです。述語は、より一般的なものとして主語を限定するのです。

「サエキ」よりはもっと格調高い例でいうと、たとえば「ニシダは京都に住んだ誠実で優秀な日本の哲学者である」という命題があったとします。

それは、一方では、「誠実」や「優秀」や「日本」や「哲学者」などという一般的な属性によってニシダを定義しているのですが、別の見方をすれば、多様な一般的な概念をあれやこれやと限定して「ニシダ」という特殊な存在を導いているのです。

当然、ニシダはまず「人間」です。その「人間」という一般的なものを「日本人」と限定し、さらに「京都」によって限定し、「哲学者」によって限定し、その「哲学者」をさらに、「優秀」によって限定し、それをさらに「誠実」によって限定しているのです。こうして、「一般的な概念」としてある述語を、そこにおいて限定して主語という「特殊な概念」へと接近してゆく。

そうするとどうなるか。「ニシダ」とは、「哲学者」や「日本人」や「優秀さ」などがそこにおいて実現されるある一つの場と見ることができるでしょう。というより、そのように見るほかありません。

「ニシダ」という実体をそのものとして定義することはできません。それは、様々な性質（一般的概念）が、交差し、また、そこにおいて様々な性質が生みだされるところの場というほかないでしょう。「優秀な日本の哲学者」という一般的な概念が「ニシダ」という場所において実現しているのです。

これはかなり重要な見方の変更です。「サエキ」に戻れば、「日本人」や「学者」や「メガネ人」や「気難しい」や「アホ」などという、もろもろの性格があわさって、そこで実現する場が「サエキ」なのです。そのようなあり方を、西田哲学では「於いてある場所」と表現しますが、「サエキ」も「ニシダ」も「於いてある場所」にほかならないのです。

つまり、先ほどの、主語になるけれども、いかなる述語によっても捉えられない個物とは、別のいい方をすれば、様々な属性がそこに「於いてある場所」に他ならないのです。「サエキ」などという実体はどこにもありません。それは、大学教師だったり、気難しかったり、という様々な特質が浮かび上がってくる「場所」としてしか存在しないのです。

ある状況のなかでは、「サエキ」は「学者」として浮かび上がり、ある状況では「日本人」として浮かび上がり、ある状況では「アホなオッサン」として浮かび上がってくるだけのことで、不動の実体としての「サエキ」などどこにもありません。多様な状況との関連のなかで、「サエキ」がある形をとって浮かび上がってくる。本当に存在するのは場所だけなのです。「サエキ」は、これらをすべて統合している場に過ぎないのです。

「場に過ぎない」のですが、これはある意味でたいへんなことで、実は「過ぎない」どころではない。なぜならこの「場」は、必然的にすべてを含み持っている、ともいえるからです。「サエキ」という個物が、様々な状況のなかで表現しうるあらゆる属性を秘めているともいえることになる。

「サエキ」は「京都人だ」から始まって、もっと一般化して、「日本人だ」、さらには「世界人だ」、「宇宙的存在だ」ということにもなりうる。

こうしたあらゆる可能性をすべて包括してゆくとどうなるか。最終的には、「サエキ」は「存在そのもの」である、ということになるでしょう。それは、すべてを包括したもっとも一般的な「存在」なのです。ただ「有るもの」としかいいようがない。それはもうそれ以上は、何か別のものによっては限定されない、もっとも根底的な一般的で包括的なものでしょう。「主語」と「述語」という論理命題の形式でいえば、それは、「……は存在である」という意味で、もっとも包括的な述語によって支えられている。この「……」にはありとあらゆるものが含まれる。だから「存在（有ること）」はすべてを受け止めるもっとも一般的で普遍的な述語となるのです。

こうなると、「サエキ」も決してばかにはなりません。決して「アホなオッサン」と済ませるわけにはいきません。アホなオッサンとして現成《げんじょう》する場もあれば、誠実な日本人として現成する場もあり、時にはりっぱなこともいう学者として自己を表現する場もあり、それはほとんど無限にありうるのです。

もっとも実際には無限の可能性のうちのほんの少ししか表面にでていませんが。しかし論理の問題としていえば、無限の可能性を包括する「存在」として「於いてある場所」が「サエキ」なのです。「サエキ」といえども、そこには、「存在」のすべてが埋まっている（はずなのです）。

つまり、それは「無」

　では、このもっとも一般的で包括的な「存在」とはいったい何なのでしょう。実は、西洋思想においては、それは端的に「神」と理解されてきた。あるいは、ギリシャ哲学的に「イデア（プラトンの「善のイデア」）」といってもよいでしょうが、ここでは「神」もしくは「絶対者」といっておきましょう。「神」とは、それ自体が「存在」そのものであると同時にすべての「存在」を生みだす第一原因なのです。それは究極的な「存在」であり、西洋文化はまさにこの絶対的な存在という観念を生みだしたのです。

　だから、西洋思想においては、個物といえども、そこにはすべてを包摂する「存在」そのもの、つまり「神」が宿っている。「サエキ」といえども、（西洋的観念からすれば）「神」が心の奥にいるのです。「絶対者」がいる。この「絶対者」が、「サエキ」という主体を成り立たせており、倫理的で道徳的な存在にもしているのです。

　だが、日本人のわれわれにとって、絶対者としての「神」はどうもなじみがありません。よかれあしかれ、日本や東洋は、西洋的な、つまりユダヤ・キリスト教およびイスラム教的な絶対神という明白な観念は生み出しませんでした。

　すると、すべてを包摂する「存在」にあたるものはいったい何なのでしょうか。それをどう理解すればよいのでしょうか。

もう一度考えてみましょう。「サエキは大学教師である」「サエキは日本人である」「サエキは……である」と、これはもう無限に続きます。実際には、三つか四つあげれば社会生活上、特段の支障はないのですが、論理の問題としては、これは無限に続く。したがって、それを包摂判断の概念に見たてていい直せば、潜在的にはあらゆる属性や性格がすべて「サエキ」に於いてある、ということになるのです。それを、「サエキ」とは、「於いてある場所」といったのでした。

仮にそれを命題の形でいえば、最終的に「サエキは存在である」としかいいようがないでしょう。だから、「サエキ」とは「存在」がそこに於いてある場所だということになる。しかし、もしも、ここでいう「存在」が何か実体的なものだとすると、それはさらに別のもので特徴づけられ包摂されるはずです。つまり「存在」が実体ならば、それは、それ自体が再び主語となって別の一般的概念に包摂されるはずなのです。しかし、それならここでいう「存在」(有ること)は、もっとも一般的ですべてを包摂しているのですから、それをもはや実体として扱うわけにはいきません。つまり、それは「無」というほかないのです。

だから、ここではすべてを包摂する究極の存在（「超越的述語面」といわれるもの）は、それが「於いてある場所」である「サエキ」（「超越的主語面」といわれるもの）と一致することになる。しかもそれは「無」に他ならない。なぜなら、「サエキ」という実体はどこにもない。それは、すべての存在に寄り添い、しかもその存在を入れるだけの器のようなものなのであって、それ自体は何の実体も形ももたないからです。形をもたないからこそ、「サエキ」は、状況にしたがって、あれこれの形を取りうるのです。

何か非常に難解なことを述べてしまったように聞こえるかもしれませんが、決してそうではありません。これはきわめて論理的でもあり、ある意味ではしごく当然のことをいったに過ぎません。

ここであまり「サエキ」を連発するのはやめましょう。「私」としておきましょう。「私とは何か」というのは伝統的な哲学上の難問ですが、それをひとまずわきにおくとして、確かに、実感としても「私」などというものは定義できません。あなたは誰か、と問われて「私」を万全に説明することなど決してできないでしょう。だから、結局、「私」とは、様々な状況のなかで様々な行動を起こし、ある性癖を見せる、つまり多様な働きの集合というほかありません。そこには固定された実体はない。それは実体的には「無」ということになる。その意味では、「無」だからこそ「私」の内には無限の可能性があるのです。

しかしこの「無」を、無限の可能性を入れた何か入れ物のようにイメージするのは正しくありません。先ほど、暫定的に、「サエキ」とは、すべてのものに寄り添う「器」のようなものだ、といいましたが、これは正確ないい方ではないのです。それは「器」ではなく、その都度その都度、そこに「私」を映し出す「鏡」のようなものというべきでしょう。それは、すべてのありうる存在に寄り添うことで、そこにその都度の「私」を映し出す。

たとえば、私（サエキ）は、ある時、講義に夢中になってしゃべっている。夢中になっているけれども、どこかで、大学教師として講義をしている自分をぼんやりと自覚している部分がある。その時、この意識の底の部分で、いわば私は、「無」という場所を「鏡」として、そこに自己を映しているのです。これが「自覚」ということなのです。

鈴木大拙は、いかに慟哭していても、どこかに慟哭も悲しみもしない何かがいる、といった。それは、この「鏡」のことにほかなりません。慟哭している、という形で、いまこの状況に関わっている「私」がでてくる。しかし、それは本当の「私」ではなく、それは、「無の場所」において映しだされた「私」なのです。

「心の底」とはどこか

本当にあるものは、状況のなかにあって「於いて、映しだす」という作用だけです。それがここでいう「鏡」にほかならず、本当に重要なのは、映しだす作用の方だ、ということになる。「私」などといっているものは、せいぜいその時その時に鏡によって映しだされた像に過ぎない、ということになる。もしも「本当の私」などというならそれはこの「鏡」のことなのです。まったく澄《す》んでにごりひとつない水面に自らの姿を映して、その映った姿を不動の自分だと考えてしまうようなもので、しかし本当は、「私」とは、この水面（鏡）にほかならないということなのです。

私とは、実はこの「場所」にほかならない、といいました。われわれが通常、「私」とか「我」とかいっているのは、具体的な状況のなかで、たとえば、「私は学者である」とか、「私は生真面目である」とか、「私は考えている」とかといった形で表現されたその都度その都度の「私」に過ぎず、それは、根源にある「私」（無の場所）において様々なものによって限定された影像に過ぎないのです。

かくして、鏡に映った「私」をあくまで鏡に映った「私」として認識することが決定的に大事なことになります。これは自己をできるだけ殺して反省することにほかなりません。真の自己がどこにあるかという「自覚」もそこからでてくる。だから西田のいい方を借りれば、「自覚」とは「自己のうちに自己を映す」ということになる。

西田が短歌のなかで、我が喜びも憂いも届かない心の底がある、といったのも、このようなことでしょう。心の底とは、「無の場所」です。そこには、喜びも憂いもない。と同時に、喜びも憂いもどちらもある。鈴木大拙がいったように、皆と一緒に悲しみ、慟哭しつつも、しかも慟哭せずじっと見ている何かがある。どこかに慟哭している自己を意識している自己があるのなら、その自己は慟哭していないのです。しかし、その高次の自己は認識の対象とはならず、その意味では常に慟哭している自己を映しだす「無の場所」というほかない。

それは、具体的なこの世界や世情における経験に寄り添いながらも、その経験する「私」を「私」として映しだす、もっとも包括的で絶対的な場所といわねばならない。「私」の顔が歪んでいれば歪んだものとして映しだす。「私」が悲しければ悲しいものとして映しだす。しかし、歪んだ顔や悲しい私があらかじめあるのではなく、それは映しだされて初めてこの世に存在するのです。と同時に、映しだす場所も映しだされる「私」を離れてあらかじめどこかにあるのではない。もしこの場所がどこかに「ある」のなら、それは「無」にはならないからです。

ですから、この場所は、実体としての「私」を離れてどこかにあるものではない。私から見れば、常に私の背後に影としてついてまわるものなのです。しかし、この影の方から見れば、実は、「私」こそが影像に過ぎないのです。

ここで見方の転倒が生じている。さきほどの論理で説明したように、論理を突き詰めれば、根源的なものは「無の場所」といわねばなりません。われわれが実在だと思っているものは、その影なのです。「私」もまた影としてこの世に存在する。そして、この場合の「無」は、究極的なすべてを包括する存在でもある。

ということは、それは「有（存在）」に対する「無（非存在）」ではなく、この「有」も「無」も超えてしまった「無」、もしくは、「有」とも「無」ともいいうるような絶対的な何か、ということになるでしょう。それを西田は「絶対無」といいました。だから、もっとも根源的で絶対的なものは「絶対無の場所」なのです。

西田はまた次のような短歌も残しています。

世を離れ　人を忘れて　我はただ　己がこころの　奥底に住む

もちろん、世を離れることもできなければ人を忘れることもできません。隠遁生活も不可能なら、世を捨てて心の奥底に沈潜することもできません。それは、前に述べた「場所の論理」からしてもそうで、「絶対無の場所」がでてくるのも、この俗世や浮世にあって文字通り憂き生を強いられるからです。不条理な事態に直面して、どうして自分がこんな目にあうのか、と思うからでしょう。親しい人と死に別れて苦悶に打ちひしがれるからでしょう。こうした俗世から離れられないからこそ、われわれは、その背後に「絶対無の場所」を見出すのです。なぜ自分がこんな目にあうのか、なぜほかならぬあの人が死なねばならないのか、といった時、そこになだめるになだめられない、捨てるに捨てきれない「我」がいる。そして、その時に、その「我」を「我」として認めつつ、その奥底にある「絶対無」へ思いをはせることはできるはずです。「我」が住まうべきところは、本当は「こころの奥底」にある「絶対無の場所」だという思いが湧き上がってくる。まさしく「絶対無の場所」へ一度たちかえることで、「我」とは「自己のうちに自己を映す」ものだ、ということになるのです。

こうした考えが、どこか宗教的なニュアンスを帯びてくることは間違いありません。

じっさい西田哲学と大乗仏教との類縁性はしばしば指摘されることで、彼の「無の哲学」と宗教性との関連はまた後で述べてみたいと思います。

ここで指摘しておきたいことは、このような、「私」の根底に「無」を見る、という志向性こそは、かなり日本的といってよいだろうということです。少なくとも、それは、この世の実在の究極に、絶対的な存在である「神」を見る西洋的思考とは大きく異なっている。確かに、西洋的な論理においても、「私」のこころの内に究極的に「存在そのもの」としての絶対者（神）を見るのですが、この場合に、この絶対者（神）は、あくまで絶対的存在者です。ですからどうしてもそれはやがて己の外にあって己と対立する絶対的他者になってしまいます。こうして絶対者（神）との関係において「私」もそれ自体が確かな実体をもって存在してくるのです。

しかし、日本の論理ではそうではありません。すべてを包摂する絶対的なものは、日本では「絶対無の場所」と表現されたのです。「絶対的なもの」が「無」へ向かう。「私」を掘り下げ、その奥を覗き込めば、ただ「無」へ行き着くという観念がここにはある。むしろ、「私」や「我」を消し去り、自己の内面を深く覗き込むことで、根源的な精神の状態とでもいうべき「無」へ接近する。一度、「私」や「我」を否定して「無」

へ行かないと、本当の「私」は見いだせない、という思いがあります。

だから、西洋の自己同一性の論理では「私は、私である」と単純にいうことができます。これは自明の真理です。しかし、日本の論理ではそうはならない。「私は、私でなくして、私である」といわねばならないのです。この「私は、私でなくして、私である」を認めるかどうかは、西田の論理を認めるかどうかの決定的な点になるのです。「私」なる実体は存在しないとして一度はそれを否定して「無の場所」へ送り返して、そこに映されて初めて「私」がでてくる。

しばしば西洋文化は「有の文化」であり、日本文化は「無の文化」だといわれ、西田も西洋の「有の論理」と日本（東洋）の「無の論理」を対比させたりしています。

これはどちらがどうという問題ではありません。西田の「場所の論理」は、その両者がともに「真の実在とは何か」という哲学上の共通の問題を扱っていることを示しています。両者とも「絶対的なもの」を志向するのです。ただ、その方法が、西洋と日本では大きく異なっていたことをどうしても無視するわけにはいかないのです。

第四章　「死」と「生」について

以前のことですが、大の音楽通である「新潮45」の編集者が「ぜひこれを聴いてくれ」とCDを送ってくれました。「ベートーベンのピアノ・ソナタ全集」(正確には二曲抜けていますが)。演奏はHJ・リム（リム・ヒョンジュン）という韓国の26歳の女性。すばらしい演奏です。驚くべき、といってもよいでしょう。

この人は12歳でパリに音楽留学。韓国在住の母親に自分の演奏を聴かせようとユーチューブにアップしたところ、それが大手レコード会社であるEMIのプロデューサーの目にとまり、いきなりベートーベンの全集レコーディングに到ったというのです。

世界中で行われている各種のコンテストに出場、上位入賞を果たして何とかレコード会社と契約にこぎつける、という通常のケースとはまったく違っています。故郷の母親に聴かせるため、個人的にインターネットにアップしたものが世界中で大ブレークという構造がいかにも情報化時代の産物でもあります。

やがてこの人も「驚くべき天才ピアニスト」などといわれて情報文化のまっただなかに投げ込まれて「消費」されてゆくのでしょう。

この演奏の面白さは、かつての大家バックハウスなどのいかにもドイツ流の揺らぎない演奏と違って、テンポは微妙に揺れ動き、強弱、間の取り方、表情、すべてがいわばやりたい放題なのですが、それでも何かベートーベンそのものになっている、という感じなのです。

きわめて個性的なのですが、全曲を聴いているうちに、リムという存在が消えてゆき、ベートーベンの心情が、ただ音の動きとしてごく自然に聴き手の胸に飛び込んでくる、といった具合なのです。

あの難聴に悩まされた悲劇の作曲家、といったような俗説もどこかへ消えてゆき、ただ、音のつながりがもたらす運動が見事なフォルム（形）となってたちあらわれてくる。音の運動と心の動きが重なり、ベートーベンが楽譜に書きつけた思いと、それを音の運動として実現するリムの高度なテクニック、さらにそれを聴く側の心情とが一体となって、そこにこれっぽっちの隙間もないような気がしてくるのです。

日本精神とは何か

こういうことは、それほどあるものではありません。昔一世を風靡したカナダのピアニスト、グレン・グールドでもそういう感じを受けました。彼のひくバッハなど、見事なリズムと繊細な強弱と左右の手の微妙なバランスが生み出す音の自動的な生成といった感じで、音の運動がごく自然に音楽のフォルム（形）を描き出していったのですが、そこにまぎれもなくグールドの個性が刻印されていたのです。いってみれば、グールドという個性を一度はうち消して、音楽を純粋な音の運動に還元することで、むしろ、グールドの個性が露わになっていたのです。

何かすごい演奏を聴いたとき、われわれは、つい「これは、ほんものだ」といってみたり、「ここにベートーベンそのものがある」といってみたり、「ベートーベンとはこういうものだ」といってみたりします。だけど、それはいったいどういうことなのでしょうか。どこかに「ほんもののベートーベン」と「にせもののベートーベン」があるわけではありません。ただあるのは、バックハウスのひくベートーベンとリムのひくベートーベンなのです。おそらく今日、ベートーベンのソナタ全集はＣＤで10種類以上でているでしょう。そこにあるのは、多様な解釈だけなのです。だから、せいぜいいえるのは、

「私はバックハウスの解釈が好きだ」という程度のことなのです。「ベートーベンそのもの」などという演奏はどこにもないはずです。

しかし、われわれは、しばしば、「ほんもののベートーベンを聴いた」という思いにかられる時があります。「これぞベートーベンそのものだ」とか「ベートーベンとはこういうものだ」とわかったような気になることがあります。いったい、どうしてなのでしょうか。

さてここで私が問題としようとしていることは、ベートーベンの本質とは何か、というようなことではありません。いい方が気になるのです。「ほんもの」だとか、「そのもの」だとか、「そういうものだ」とかといったいい方です。この場合の「もの」とは何なのでしょうか。なぜここでわれわれは「もの」というういい方をするのでしょうか。

このような問いを発した時、実はもうひとつ気になっていることがあります。それは「物となって考え、物となって行う」という西田幾多郎のいい方なのです。このいい回しはしばしば西田の文章中にでてくるのですが、彼は、そこにこそ日本文化の特質があるという。

「日本精神とは何か」と問うて彼はいいます。「(それは)我々が真に物となって考え物となって行うことから、知られるものでなければならない」(『日本文化の問題』)と。

また、「物の真実に行く」ともいいます。

あるいは「形なきものの形を見、声なきものの声を聞く」といういい方もしばしばできます。これもまた「日本文化(東洋文化)」の特質といわれる。

「幾千年来我等の祖先を孚《はぐく》み来《きた》った東洋文化の根底には、形なきものの形を見、声なきものの声を聞くと云った様なものが潜んで居るのではなかろうか」(『働くものから見るものへ』)

ここでもまた「形なきもの」とあります。「形なきもの」といういい方から端的にわかるように、明らかに「もの」とは、物体や物理的存在ではありません。通常のモノという存在物ではありません。そして、「もの」の語の意味合いを理解することは、実は、日本的思想やひいては日本文化を理解する上で大きな手引きになるのです。

西田は「物となって考え、物となって行う」といういい方で何をいわんとしたのでしょう。あるいは「形なきものの形を見る」で何をいおうとしているのでしょう。

日本語の「もの」はきわめて多義的でむつかしい言葉です。英語のｔｈｉｎｇが、通常は、形をもち質量をもった存在物をさすのとはかなり違っている。もっと多義的で深いニュアンスをもっています。

先ほどの、「ベートーベンそのもの」という「もの」は物質的存在を意味しているのではありません。「そういうものだ」の「もの」ももちろん物質的なモノではありません。さらに『万葉集』にあるよく知られた大伴旅人の歌ではこういう風になります。

世の中は　空しきものと　知るときし
いよよますます　悲しかりけり

この場合の「空しきもの」の「もの」とは何なのでしょうか。

実は「もの論」については、すでに多くの哲学者や言語学者の論考があるのですが、ここではそれらを参照しながら、いくつかの点を取りだしておきたいのです。

国語学者の大野晋によると、「もの」には、「さだめ、決まり、自分では変えられないこと」という意味があるという。たとえば「世間とはそういうものだ」という「もの」などまさに「さだめ」という意味あいを含んでいる。「あいつはものがわかっていない」という時の「もの」にも「さだめ」や「決まり」または「道理」という意味がある。大伴旅人の「空しきもの」の「もの」も明らかに「さだめ」という意味を含んでいます。

ここから「もの」には人智、人力ではどうしようもない運命や宿命というニュアンスがついてまわることになる。それは人間の力ではどうにもならない「なりゆき」なのです。その理由を尋ねてもどうにもならない。合理的に説明のできるものでもない。しかし、人智を超えた何かの作用によって動く「なりゆき」というものがあるのです。

先の「ベートーベンそのもの」といった時にも、この「さだめ」というニュアンスはやはり付加されている。そこには、ベートーベンとはかくありき、という「さだめ」がある、いわばベートーベンという存在を成り立たせている「道理」がある。

確かに解釈はいろいろできるでしょう。しかし本当はいろんなベートーベンがあるのではない。豪壮なベートーベンや弱々しいベートーベンやチンドン屋のようなベートーベンといった多様な解釈があるのではないのです。どこかに「本当のベートーベン」があるはずだと考えてしまう。

「さだめ」とは何か

とはいえ、それではこの「本当のもの」とはいったい何なのでしょうか。

改めていえば、「もの」は、さしあたりは物的な「モノ」です。では「モノ」とは何かというと、これは机や時計や自動車や松の木などという具体的な物体をすべて包括した集合名詞であり、その意味で具体的なあれこれを一般化し抽象化したものです。

と同時に、その背後にその「モノ」の「さだめ」あるいは「道理」のようなものを引きずっている。それはどういうことなのでしょうか。「モノ」が引きずっている「さだめ」、とは何なのでしょうか。

そして、この「さだめ」を独特のやり方で理解したところに西田のいう日本精神の大きな特性があるように思うのです。それを次のように考えてみましょう。

通常、「モノ」は物体です。ということはいかなる「モノ」もいずれは消えてなくなってしまいます。滅してしまうのです。もちろん、われわれ「人」も「モノ」(物質的存在)ですから、いずれは消滅してしまう。それは、まさしく「モノ」のもつ最終的で決定的な宿命で、われわれ人も含めてこの宿命から絶対に脱することはできません。「モノ」にはいろいろな役割や機能や意義があるにせよ、最終的にそれが服する「さだめ」とは、消滅することなのです。ここに日本的精神の独特の捉え方がでてくる。

今日われわれにとっては、物体としての「モノ」は、あくまで「モノ」であって、その物質存在がある限り、「モノ」は「モノ」に変わりないと思っています。時計は時計であって、どこに置いてあっても同じ時計でしょう。そしてそれが壊れてつぶされてしまえば、もはやそれは時計ではありません。「モノがある」とはそういうことだと思っている。「時計は時計である」さらに「私は私である」という単純明快なありようです。我々は普通、そう考えている。

しかし実はそれは、本質的にきわめて西洋的な考えにほかならないのです。前述しましたが、西田哲学ではそうは考えません。「モノがある」とは、常に「於いてある」ことだというのです。時計は時計として、どこにあっても時計なのではない。それは常に「……に於いてある」といわねばならないのです。机の上に置かれている場合と、押入れにしまわれている場合では意味が違ってくる。日本にある場合と南極ではまた異ってくる。そして、こういう「於いてある」をずっと続けてゆくと、どうなるか。最終的には「無の場所」に於いてある、ということになるのです。

もっと直観的にいえば、時計はいずれ姿を消して、「無」に帰してしまう。やがてボロボロになり、いたみ、変形し、ただの金属になり、消滅する。つまり「無」に帰するのです。そこで、そのことを逆の側から見れば、今ここで動いている時計は最終的には「無に於いてある」といってよいでしょう。この時計がここで元気に動いている方がたまたまそうなっているだけで、その本質は、いずれそこへと帰ってゆく「無」の世界にこそある、と見ることもできるでしょう。本当は「無」であるような形なきものが、たまたま時計という形をとっているのです。「無」へ帰すところにこそモノの宿命がある。とすれば最終的にこの時計を支えるものは「無」といってよい。最後は「無」に帰する、ということを、逆算して「無」によって支えられる、といってみるのです。

これは、時計などといわずに、われわれ「人」でいえばもっとわかりやすいことで、われわれは、とりあえずは、家にいたり、東京にいたり、日本にいたり、どこかに「存在」している。しかし、これを突き詰めて時間をずっと延ばしてゆけば、いずれ人は確実に死にます。「死」という「無」へ帰するのです。だから「死」という「無」の場所が、最後はわれわれを支えてくれるのです。そこで、そのことを先取りして、現在の「生」は「死」によって支えられているということができるでしょう。つまり「生」は「死」に於いてある、ということになる。あれこれの具体的な日常の生は、様々な場で行われるのですが、それをすべて包括して「生」といえば、この「生」を支えるものは「死」だけでしょう。

こうして「生」は常に「死」と表裏一体になっている。「生」の背中には常に「死」が張り付いている。もちろん、この「死」は見えません。見ているのは、活動し、動いている「生きた私」だけです。しかし、その「私」は、あくまでもいずれくる絶対的なものである「死」に於いて、その上に乗ってあるのです。こうして生きてある「私」はいわば二重構造になっている。表にあって見えている「生」の私と、裏にあって見えていない「死」の二重性によって存在しているのです。

しかし、そうはいってもなかなかそういう自覚はもてません。それを知るには、一度、「生きて活動している私」を無化しなければなりません。私は一度は自らを殺さなければならないのです。一度は私を滅して、「無」へと送りこまなければならない。まずは「無」に帰して、そしてそこから改めて、私の本当の姿が見えてくる。これを、西田は、自己とは「絶対無の場所」に自己を映すものだ、といったのでした。

だから、「私は私である」ということではないのです。「私は、私でなくして、私である」ということになる。「生」の中に「死」を取りこむ、とはそういうことなのです。

「生者」と「死者」

西洋思想では、存在するものは、すべて「あるもの」だった。死ねばそれは存在しない。「私」はあくまで生きた私であって、それは死んでしまった私とはまったく違うのです。極言すれば、死ねば「私」は存在しない。それが、パルメニデスがいった「あるものがあり、ないものはない」ということの帰結です。しかし、日本的精神にあっては、「生」と「死」は常に表裏一体になっている。「生」の背後には常に「死」がある。これを時間的にいえば、「生」とは常に「死」へ向かうものだ、ということで、確かにそうした意識がわれわれのどこかにあるのではないでしょうか。

だから、「生」が「死」によって支えられている、ということも、少し変形すれば「生者」は常に「死者」によって支えられている、という意識になるでしょう。生ある者は、死者という目に見えない何かによって生かされている、という感覚をわれわれはもつ。「生者」のこの世界の背後には「死者たち」の世界が広がっている、という風に考える。柳田國男などはまさにそこに日本人の宗教的精神の原点を見たのでした。

さて、この「生」と「死」の二重性を、もう一度「もの」に即して見てみましょう。「私」であれ、時計であれ、すべての物的存在である「モノ」は必ず消滅する。それは物質の宿命です。だからこそ、「モノ」はその背後に「無」を漂わせるのです。あるモノが貴重であればあるほど、愛着があればあるほど、われわれは、それがいずれ消滅して姿かたちを失うことを知っている。それを悲しく思う。しかしこの宿命を受け止めるほかない。その時、その「無」を、いまここで目の前にあるモノの後ろに透かし見る。また逆に、モノの背後に「無」の影を見ることで、単なる物体に過ぎないモノにたまらない愛着をおぼえるのです。

その意味では「人」も「もの」も同じで、「人」も死するものだと思えばこそ、深く愛惜の情がわき上がる。「もの」も、それがいずれはその輝きを失《な》くし消滅するものだと思えばこそ、特別な愛着をもつのでしょう。それを「無常」と呼んだのです。

だから、折口信夫が述べたように、「もの」にはもうひとつの重要な意味があって、それは「もの＝霊」だというのです。「ものの気」や「ものの気配」などというように、「もの」には時には、どこか霊妙な、すなわち、この世とあの世の橋渡し的なニュアンスが付加される。かくて人にせよ、モノにせよ、われわれは「もの」は常に「無」と一体だと考える。「生」即「死」であり、「有」即「無」といわねばなりません。つまり「色即是空、空即是色」なのです。これは「生」と「死」は対立し、「有」と「無」は対立するとする思想からは絶対にでてこない発想といわねばなりません。

このように日本語の「もの」という言葉は、多様という以前に、独特の深みをもっています。物的な存在としての具体性を集合したモノ性の背後に、「無」へ向かう宿命をどこかに暗示し、いわば「無の影」を宿している。そういう「もの」の有りようを、本居宣長は「もののあわれ」といったのでした。「もの」は、ただそこにある物体なのではなく、それが、「消滅」という生あるものの不可避の宿命を暗示するがゆえに、われわれはそれをいとおしく思い、そこにそのもの独自の美を見、感興を引き起こされるのです。それを「もののあわれ」と彼はいい、そこに日本的精神の真髄を見たのでした。

また和辻哲郎は、日本語の「もの」には、無の影のようなものがついており、「もののあわれ」とは、無という「根源への思慕」である、といっていますが、それは、西田哲学に即していえば、結局、「生あるもの」もしくは「存在するもの」は、最終的に「無の場所に於いてある」というほかない、という「無の論理」からでてくることです。

ところで、西田は「物となって考え、物となって行う」といいました。そしてそれをまた「行為的直観」ともいいました。それはどういうことでしょうか。

たとえば、『徒然草』の冒頭に吉田兼好は次のように書いています。

「つれづれなるままに、日ぐらしすずりに向かひて、心にうつりゆくよしなしごとを、そこはかとなく書きつくれば、あやしうこそものぐるほしけれ」

「あやしうこそ　ものぐるほしけれ」というのです。また「もの」です。「何やら妙な心持で、ものに憑かれたようだ」というのです。隠遁して、一日、じっと硯に向かっておれば、様々な事柄が心の奥に映し出されてくる、というのです。まさしく、西田の「無の場所」を鏡として物事を映し出しているようです。小林秀雄は、この「ものぐるい」を解釈して、「ものがよく見える」「ものがよくわかる」といいました。それは、「ものがあまりに見えすぎ、わかりすぎるつらさ」だというのです。つれづれなる隠居などというものは決して気楽でもなければ安らかなものでもありません。

われわれはしばしば、このやっかいな現実世界から身を引き離し、日常を離れて隠遁し、じっと物を考え、観照することが「無」になることで、この「無」をへて「ものの本質」が見えてくる、といいたくなります。

しかし、西田のいう「物となって考え、物となって行う」は、この種の隠遁とはまったく異なっている。西田のいう「直観」はまったくそうではない。むしろ正反対で、何ものかに憑かれ、それこそ突き動かされ、そこにもはや「私」や「我」の意識が入る余地がないような行為のなかでこそ、人は行為や存在の意味を直観として把握する、ということなのです。

考えてみれば、これはしごく当たり前のことだともいえるでしょう。日常生活のなかで、われわれは、朝起きて食事をし、靴を履いて仕事にでかけ、他人とおしゃべりする。これは「行為」です。この「行為」をする時に、われわれは一々、今「私」が食事をしているとか、「俺様」が靴を履いているなどと考えません。ただ食べ物や靴や仕事や他人と接し、その時に、食べ物の意味や靴の履き心地や他人との親密さを「直観」しているのです。そしてその手前に「私」がある。もっといえば、それらの「もの」と接している「私」という、これまたひとつの「もの」を「直観」しているのです。

ただ問題は、通常は、こんなことはただの習慣になってしまっていて、特に、そこから「私」の意識がでてくることでもなければ、食事や靴のありがたみがでてくるようなものでもない。とてもではないが、朝飯に「突き動かされる」ようなことはないし、「ものぐるほし」などというものでもない。しかし、考えてみれば、朝には元気だった「私」という「もの」も夕べには事故で死ぬかもしれません。病気で満足に食事もとれなくなるかもしれない。となれば、朝食や仕事の意義もまったく異なって見えてくるでしょう。「もの」との接し方にもある種の切迫感がでてくるし、行為の意味もまた異なってくるでしょう。

「無私」という「隠遁」

こうしたことが現実に起きる時があります。たとえば、われわれが桜に特に強い思いをもち、この花に、格別な美しさを観取するのは、まさしく、この花がすぐに散るからであり、そこにわれわれの生の宿命である「死」や「無」を投射するからでしょう。

松尾芭蕉がいつ倒れるともしれない旅にあって、河の流れから雪の雲、水の音という様々な「もの」に感応したのも、そこにたえず「死」や「無」を背負った「私」を投影していたからでしょう。それは、「我」が表にたった意識からはでてきません。むしろ、ただ山を歩き、河のほとりに立ち、ようやく宿に転がり込む、といった「行為」のなかで「私」を無化する中からようやくでてくるものなのです。

こうしたことは別に日本に限らず、たとえば画家が、絵具をもって「ひまわり」という対象（もの）に向かい、キャンバスにある「形」を生みだす。この時、絵になるべき「ひまわり」の図像があらかじめ頭に描かれているのではない。彼は、ただ「ひまわり」に触発され、それに肉薄しようと「私」など消し去って、ただひたすら絵筆を動かしているのです。しかし動かすことでまた「ひまわり」が直観されてくるのです。

ここでは「描く」という行為と「もの」の本質直観は決して切り離された別々のもの

ではない。その場合に、重要なことに、このような行為的直観にあっては、まずは自我を消し去り、無化しなければなりません。対象と自分を一体化しなければなりません。それが「ものになる」ということです。その時に、いわば意識の見えない奥底にある「鏡」(無の場所)に、その「もの」の本質が映し出されてくるのです。

この時、あるものの本質を本質だと捉える自己の姿が逆に映し出されてもくる。「もの」を映し出すということは、また、「もの」を通して「私」を映し出すことなのです。だからゴッホは「ひまわり」の絵で、ただ「ひまわり」を描き出しただけではなく、それを描くゴッホ自身を描き出したのです。いわばゴッホは自己を否定することで自己を表出したのです。しかしそこに強烈な個性がでてきた。個性とはそういうものなのです。

日本の場合、この触発するものが、とりわけ「無」へ向かう何かだったのです。西洋のように「もの」は神が作り出した存在物なのではなく、「無」から出立して「無」へ向かうたまさかの「形」に過ぎない、という意識が強い。「無の影」を宿しているのです。そこから「無」というものが、日本人の行為の理解にも影を落とすことになる。私を殺して行為する。「無私」の行為。そして行為の純粋さそのものに意味を与える。ここでは確かに人は、彼自身が「もの」となって行為しているのです。「私」という主体や自己意識があって、行為を組み立てるのではなく、ただ行為のなかに自分が表現されているだけ、と考えている。

たぶん、われわれが本当に大事な何かをなそうとするとき、「私」は無化されているものでしょう。やむにやまれぬ決断や狂おしい感動につき動かされるとき、「私」などというものはいません。それはその限りで「無」へと還されています。そのとき、「私」は「もの」へ働きかけるのではなく、一ものとなって行う」ということになるのです。しかし、ひるがえっていえば、まさにその時に、われわれはもっとも個性的になり、「個」そのものになっているのです。

ここに「我」というものがでてくる。それは、まさに「行為」そのもののなかに自己を無化することによってでてくるものだった。西田は、日常の世界（彼のいう「歴史的世界」）での実践のなかにこそ、たえず「私」を無化して、つまり「私」を隠遁させて、「ものにつく」可能性を見たのです。西田にとっては、日々の「実践」と「隠遁」（私を無にすること）は、決して対立するものではなかったのです。

第五章　特攻精神と自死について

百田尚樹氏の小説『永遠の0』が評判になっています。とりわけ若者によく読まれており、映画化もされました。

現代の若者が、大東亜戦争で死んだ自分の祖父である宮部のことを知るために、軍隊時代の知り合いをたずねて歩くという形をとりつつ、この小説は、ゼロ戦の戦闘員であった宮部の人物像を明らかにしてゆくものです。同時にこの本は、あの時代の戦闘に携わった人々の様々な意識を描き出していて、多くの若者に感動を与えているのでしょう。

当時の宮部を知る者は誰もが、宮部は変わり者で、たいへんな臆病者《おくびょうもの》だったという。彼の頭にあったのは、ただ生きて妻子のもとへ帰ることだけだった。卑怯者《ひきょうもの》だともいわれます。

ところがまた、宮部ほどの腕をもった飛行士はいなかった。恐ろしいまでの操縦技術の持ち主だったという。最後に宮部はみずから特攻を志願して死にます。あれほど臆病者といわれ、生きることに執着した宮部がなぜ特攻を志願したのか。その事情が徐々に明らかになってゆくのですが、それが説得力をもって読者に迫ってくるのでしょう。

　実は宮部は臆病どころではなかった。真に勇気と冷静さをもった人物だったのですが、彼には最初から死を目的とした戦闘など狂気の沙汰《さた》と思われたのです。戦争では優秀な戦闘員の確保は不可欠なことですから、生還を期すのは当然のことなのです。しかも、彼には妻や子供への責任がある。だから、あくまで勇敢に戦いつつ生還を期すのは当然のことで、それでもやられればそれはそれで仕方のないことだった。だから特攻などという作戦には決して同意できなかったし、また、驚くべき運動性能を持ちながらも、搭乗員を敵弾から防御しようとしないゼロ戦も無条件でよしとはしないのです。

　にもかかわらず、抜群の飛行術をもつ宮部は、特攻そのものではなく、特攻機を敵空母にまで送り届ける直掩機（援護機）搭乗の役割を与えられる。つまり、死へおもむく特攻を護衛しつつ、自らは生還の可能性をもつ立場に身を置いたのでした。

　しかし、レイテ沖海戦の三日前にいわば緊急手段として採用された特攻も、沖縄戦では、それ自体が自己目的化されてゆき、激しさをます戦局のなかで、ほとんどの特攻機が敵艦攻撃に到る前に撃ち落とされてゆくのです。つまり、宮部の直掩機の護衛は何の役にもたたなくなってゆくのです。

こうして、多くの若者たちを目の前で死なせた宮部は、最後に自ら特攻を志願して死地へ赴《おもむ》きます。妻と子のもとへ帰るという約束を自ら放棄したのでした。

選びとられた自死

特攻は、おそらく日本の歴史のなかでももっとも凄惨《せいさん》であると同時に、もっとも重くいまだにわれわれの心を揺り動かす出来事でした。大東亜戦争にまつわる様々な出来事のなかでも、これほど深く記憶に刻まれたものはありません。

戦後、多くの人は、これを誤った非人道的、非合理的な狂気の作戦で、戦前の軍国主義あるいは超国家主義の最悪の顕現ということにしました。戦時中はあれほど称揚《しょうよう》された特攻は、戦後になれば、生還者だというだけでつまはじきにされかねなかったのです。

そして、自ら志願して犠牲になった若者たちについては、軍国主義の犠牲者だということにしました。実は彼らも内心は生きたかったのだが、社会の雰囲気に騙《だま》されていたのだとか、あるいは、当時の軍隊のなかでは志願しないわけにはいかない、志願兵とはいえ強い同調圧力がかかり事実上の強制であった、などという話ができあがりました。

そういうことはあったのかもしれません。しかしこんな理屈は何の意味もなければ、むしろ死者に対する侮辱にほかならないでしょう。多くの者が、内心、死ぬのは嫌だと思い、最初から生還を放棄したこの異様な作戦に疑問をもったことも事実でしょう。筆舌に尽くせない恐怖や怒りを感じないはずがありません。同調圧力もあったでしょう。にもかかわらず、彼らは絶望しつつも、すがすがしさを装って決然と出陣したのです。そのことだけが大事なことなのです。

宮部は妻や子のために、生還したいと心から願っていました。また、多くの特攻の遺書には、父母（特に母親）や妹、弟、そして妻や子、恋人への最後の思いがつづられています。君らを守るために喜んで死地へ赴く、と書いてあります。

もちろん、ここには大きな矛盾があって、本当は肉親を守るなら、死んではならないのです。彼らのそばにいなければなりません。愛する人を守るために死ぬ、というのは一種の背理なのです。さらにいえば、肉親を守るためにお国のために死ぬ、というのはどうみても筋違いの矛盾なのです。

しかし、われわれはあまりこのことに不条理を感じません。いったい、どうしてなのでしょうか。

宮部は、妻や子のために生きて帰りたいといっていたために、「宮部さんは妻子を愛しているのだなあ」といわれます。確かに「愛している」といってよいのかもしれません。しかし、これは情緒的な「愛」という問題ではない。むしろ「責任」というべきでしょう。妻子への責任があり、父母への責任がある。あるいは、私を愛する恋人への責任がある。「愛」とは、こちらから相手へ向けた一方的な感情などではなく、私を必要とし愛してくれるものへの責任なのです。だからこそ、この責任は「国」へも向けられるのです。「愛国心」というものも、情緒や感情の問題ではなく、本質的には、集団への責任の問題なのです。かくて、妻子や父母や「愛する者」は、表象的に「国」と重ね合わされてきます。「愛する者」を守ることが「国」を守ることと重なってきます。

ロシア民謡の「ともしび」に次のような一節があります。「いとしき乙女よ、祖国の灯よ」。まさしく「祖国」とは「愛する者」なのです。とりわけ、それは、母、妻、妹といった「乙女」(母も昔は乙女でした)なのです。

この時には、家族との思い出、恋人への想い、故郷の山河、それらが混然一体となった胸を突きさすような思いをすべて含めて「お国のため」といったのです。これはロシアも日本も同じことです。ただ、特攻の場合には、片道燃料しか搭載しないのですから、死は押し隠しようもなく必定で、まったくもって意志的に選び取られた自死というほかありません。国に騙された、というようなものではありません。フランスの日本学者モーリス・パンゲは、そのことを次のように書いています。

「殺戮のために選ばれた犠牲者たちさ、と読者諸賢は言うだろうか。だがそれは違う。彼らが自分たちの運命を受け入れるその受け入れ方を見ないのは彼らを不当に貶めることになるだろう。彼らは強制され、誘惑され、洗脳されたのでもなかった。彼らの自由は少しも損なわれてはいない。彼らは国が死に瀕しているのを見、そして心を決めたのだ。この死はなるほど国家の手で組織されたものではあったが、しかしそれを選んだのは彼らであり、選んだ以上、彼らは日一日とその死を意志し、それを誇りとし、そこに結局は自分の生のすべての意味を見出し続けるのだ」（『自死の日本史』講談社学術文庫）

的確な見解だと思います。こうなると、ヘタな戦後日本人よりも、パンゲのような日本通の外国人の方が、より正しく理解しているようにも見えてしまいます。

大東亜戦争は日本の歴史における最大の危機であり、また悲劇でした。よかれあしかれ、国民的精神というものが、かつてなく激しく高揚し緊張していた稀な時代でしょう。

昭和17年のミッドウェイ海戦での敗北以来、戦局は悪化の一途を辿り、ガダルカナルの敗戦、硫黄島の玉砕などをへて、真綿で首を絞められるように、国の存亡の危機が押し寄せてきます。その頂点が沖縄戦であり、特攻の常時化であり、戦艦大和の出撃でした。

「あきらめと覚悟」の哲学

こういう時には、この危機を一身に背負う人たちがでてきます。昔なら草莽の志士といったのでしょうが、20歳前後の特攻志願者たちは、その危機を運命のごとく背負ったのでした。そして、彼らを通して、まさにその国の伝統や文化のなかに押し込められていた実存がいきなり姿を現してくるのです。特攻というとんでもなく非合理な戦闘の形を過ぎ去った悪夢として捨て去ることができないのは、そこに日本文化や日本的精神にかかわる何かが示されているからです。危機のさなかで、その国の底流を流れている文化や精神の形が呼び醒まされてくるのです。

「犠牲的な死の意図的な選択」というのが、この場合の実存の形でした。自己を否定し、否定することで愛する人の生を確保しようという実存の形がそれです。しかもそれをあたかも「運命の感受」とでもいうように、清らかな真水のなかで選び取ったかのようなすがすがしさで実行する、というものです。

もちろん、誰ひとり、そんな清らかなすがすがしい気持ちで出撃したわけではなかったでしょう。遺書をみても、最後まで疑問を呈し、悩み、不安を抑えきれないのです。しかしそれにもかかわらず、最後に清酒を酌み交わすように、真っ白な、あるいは、ほとんど「無」としかいいようのない境地において最期の行為を遂行するというのが、日本の実存の伝統的な形だったのです。いってみれば、徹底した「諦念」ゆえの「覚悟」なのです。そしてこの「あきらめと覚悟」こそは、武士の思想の根幹だったのです。いや、日本思想研究者の相良《さがら》亨《とおる》氏によると、この「あきらめと覚悟」こそ、武士という階級だけでなく、日本人が、自己の救済と、この世に生きる姿勢をバランスさせるために保持してきた伝統的精神だったのです。

先ほどのパンゲはまた次のようにも述べています。

「それ（特攻）は日本が誇る自己犠牲の長い伝統の、白熱した、しかし、極めて論理的な結論ではなかっただろうか。それを狂信だと人は言う。しかしそれは狂信どころかむしろ、勝利への意志を大前提とし、次いで敵味方の力関係を小前提として立て、そこから結論を引き出した、何物にも曇らされることのない明晰な論理というべきものではないだろうか。この〈意志的な死〉はひとつの三段論法の上に乗っていたのだ。自己を犠牲にすることに求められる情熱が、まるで氷と火でできたアマルガムのように、この上なく厳密な論理に溶け合っていた」(同前)

パンゲは、特攻という一見狂気に見える作戦は、この上なく厳密な論理的帰結だといいます。しかし、その論理的帰結を現実のものとするには、その論理を可能とする精神がなければなりません。この精神は決して合理的推論から導かれるものではありません。それは、徹底した自己犠牲、もしくは自己否定によって、自らの存在を意味あらんものとする意志なのです。滅私によって、歴史の大きな流れのなかの一瞬に自己を鋲で留めるのです。死という一瞬の時に自己を突きさすことによって、自己は歴史のなかにひとつの鋲を打ち込んでいるのです。いや、鋲となって打ち込まれているのです。「あきらめ」と「覚悟」が、自己の死を意味あるものとするのです。

こうして自己は「死して生きる」ことになります。私を滅却することで、私は愛するものたちの中に生きる。それこそが自己犠牲の日本的伝統というものでした。武士的な死とはそのように自覚的に観念されたものだった。

確かに、どうも、歴史の危機の時代ののっぴきならない事態において、われわれは武士的な自己犠牲や運命の甘受、といった日本の伝統の核心にある実存の形式をしばしば思い起こすのではないでしょうか。個人が負うべき責任とは運命を甘受することであり、そのためには「諦念と覚悟」がなければならない、というのがこの伝統なのです。

日本版「実存主義」

ところで西田幾多郎は特に特攻について書いているわけでもなく、西田哲学が特攻と関連があるわけではありません。西田は基本的にあの戦争には懐疑的であり、西田哲学が戦争イデオロギーであったなどという戦後の俗説は、そちらの方がイデオロギーだといいたくなります。

にもかかわらず、西田の哲学には、どこか深いところで、特攻などと通じ合う何かがあるような気がするのです。それは、西田の生きた時代そのものが、満州事変、日中戦争、対米英戦争という戦いの時代であり、まぎれもない日本の危機の時代だったからでしょう。そして、この危機のなかである種の異様な緊張の高まりとともに、日本的な精神の核にある「実存」の形が呼び醒まされたからではないでしょうか。

もちろん、西田哲学の課題は、何といっても、西欧哲学が追求してきた「実在」の根底を取りだすことにありました。「真の実在」へと迫ることでした。われわれが「ものを知る」といった時のそのもっとも根底にあるものは何か、というのが西田の問いだったのです。初期の「純粋経験」は、まさにその問いに対する解答であり、後になると、その考えを展開させて、「絶対無の場所」という観念へとゆき着きます。

いずれにせよ、これらはたいへんに高度で抽象的な形而上学といってよいものです。この世界を組み立てている、つまり、われわれがこの世界を認識するその根底にある「真の実在」へ辿りつこうというのです。絶対的な「真の実在」があるということです。

しかし、そこで西田が辿りついたのは、「無」でした。「絶対無の場所」なのです。最終的にすべてを支えているものは「無」だった。すべて、われわれが存在物と呼んでいるものは、最終的に、この「絶対無の場所」に於いてある、ということになるのです。

それを認識する「私」も、実は、この絶対無の場所に映し出された映像だというのです。

こうなると、不動で確かな「私」も「存在物」もありません。確かなものは「無」だけなのです。「私」とは、何か確かな主体なのではない。「無の場所」に映し出された映像に過ぎない、という自覚だけがかろうじて「私」になる。「私」にはいつも「無」が張り合わされており、常に「無」へと溶け込んでしまいかねない。「私」も「もの」も実は無根拠なのです。しかし、現実にわれわれはものに働きかけ、他者と交わり、行動し、活動している。そのリアリティはどうなるのか、という疑問がでてくるでしょう。それらはすべて夢幻の蜃気楼みたいなものなのでしょうか。戦局が迫ってくるといった逼迫感さえも、うたかたの幻なのでしょうか。もちろんそうはいえません。

１９３０年代に入った頃から、西田の関心は、具体的な歴史的世界、すなわち状況の具体性のなかで身体をもって活動する人間存在の構造を明らかにするという方向へ向かいます。むろん、それは危機的な時局の到来ということだけではなかったでしょう。徹底して抽象化して実在の根本へと向かった西田哲学が、反転して具体的な歴史的現実を説明したい、という理論的必然だったのかもしれません。

しかしいずれにせよ、「無」というものを基本前提とした「私」の状況への関わりが、ある種の「実存主義」の様相を呈するのは当然のことでした。じっさい、西田哲学は、ある意味で日本版の実存主義といってさしつかえない。

生きた状況への関わりは、まずは行為です。食事をするにせよ、散歩をするにせよ、芸術作品を作るにせよ、われわれは、身体をもって具体的にこの世界へ関わっており、その時に、いちいち物事を理性的にもしくは観照的に考えていません。まずは行動ありきなのです。車を運転していて、いきなり自転車が飛び出してきた時、われわれは一瞬の判断で危機を回避しようとします。その時に、いちいち状況を認識し、距離を測り、計算的判断などしていません。運転という行為のなかでの直観によってハンドルをきるのです。何も考えていません。身体が反応するのです。

状況におけるわれわれの態度は、おおよそこうしたもので、状況に対するほとんど身体的な反応としてある行為がなされる。同時に、その行為のなかで状況の意味を把握しているのです。そしてそのことが逆に身体の動きを通して状況へと働きかけるのです。西田はそれを「行為的直観」といったのでした。

だから、われわれの日常的な生は、いずれ程度はあれ「行為的直観」によってなされています。ふつう、そういうことは意識せず習慣的にやっています。しかし、それが、のっぴきならない決断の様相をおびてくる状況というものが時にはある。合理的判断や損得勘定や功利主義などではとてもではありませんが、決定できないことを決断しなければならない、という状況があります。先の特攻を志願した宮部もそうだったでしょう。もっと極限的にいえば、特攻兵士が敵空母を発見し、激突へと操縦桿を倒すその決断の瞬間、そこには、いっさいの合理的判断も何もないでしょう。むしろ、すべてを消し去った「無」において、行為そのものの運動に任せるほかないのです。

こうして、現実の世界では、行為的直観は、時としてとてつもない実存の覚悟を要求するのです。西田は書いています。「行為的直観的に我々に臨む世界は、我々に生死を迫るものである」(「絶対矛盾的自己同一」)。

抽象的に頭で描かれた世界はともかく、われわれが現実に生きているこの世界は、矛盾だらけです。調整のつかないことだらけです。家族を作ったのはよりよい生活をしたかったからなのに、家族のおかげでたいへんな目に遭う、などということはいくらでもあります。たいへんに世話になった人が罪を犯した。では、彼を警察に突き出せばいいのかどうなのか。義理を取るか正義を取るか、判断などできません。宮部は、生きて妻子のもとへ帰るのか、死んだ仲間のために特攻するのか、合理的な判断などできません。「とかくこの世は住みにくい」などと漱石のように斜に構えて小説でも書けばよいのでしょうが、日常の生のなかではそうはいきません。

いずれにせよ、現実世界はまさに矛盾のかたまりで、しかし、それがひとつの状況をなしているのです。われわれが具体的な形で身体をもって活動し、他人と共存する限り、現実は調停不能な矛盾に満ちています。西田的にいえば、この歴史的世界は「絶対矛盾的自己同一」というほかありません。

「永遠の今」

そして、この現実が、どうにも調停できず、合理的判断も損得勘定も行き詰まってしまうからこそ、われわれは行為的直観的に行動するほかないのです。絶対的に矛盾するなかで、われわれにできることは、その矛盾を矛盾として受け入れ、行為的直観に任せる外ないでしょう。そこに、よけいな「私」や「主体」など不必要なのです。「私」が選択するなどと考えるから、そこに合理性や損得勘定が入り込んできて、そうなると、矛盾に堪えられなくなってしまいます。必要なのは、むしろ「私が、私が」という自我を消し去ることなのでしょう。「無の自覚」なのです。

そもそも、すべてが「無の場所」に於いて生じるからこそ、矛盾するものがいくらでもでてくるのでした。神や絶対的な正義や自然法などという絶対者がいないからこそ、矛盾したものが平気で矛盾としてほうりだされてそこにあるのです。神がいれば、本当はそんなことは起きません。どれかが正しいのです。AとBが根本的に矛盾するとすれば、そのどちらかが正しいのであり、どちらかは間違っているのです。これが西洋の合理的論理です。人にそれがわからないのは、理性的判断力が不足しているからであり、神が人を試しているからだ、ということになる。

しかし絶対者がいなければ、矛盾は絶対的な矛盾として矛盾のままであるほかない。「無の場所」に於いては、あらゆることが生じうるからです。だからこそ、「私」を「無」にするほかない。この「無」において行為的直観的に決断するほかない。これこそは、きわめて日本的な「実存主義」というべきではないでしょうか。

この種の実存が、めったに食べられないフレンチのフルコースが目の前にあるけれど腹をこわしている、などという、ささいな、しかしよく直面する「形而下」的な矛盾ではなく、まさしくその存在のすべてに関わる「形而上」的な事態がありうるのです。

先にも引用したように、西田は、「行為的直観的に我々に臨む世界は、我々に生死を迫るものである」と書いている。矛盾的自己同一のこの歴史的世界のある状況においては、この矛盾が、われわれに生死を迫るのです。この決断の一瞬において、われわれは生か死かの選択ではなく、生でもあり死でもある、という生死一如の世界、生即死という世界へ身をおくことになる。生か死か、どちらかが正しいという選択はありえない。両者が同じだと思う一瞬に身をおくしかない。ここで死ぬことがそのまま生きることだ、という一瞬へと逢着するのです。その一瞬を支えているのは「無」というほかありません。「絶対無の場所」といってもよい。生死一如は「無の場所」において自覚されることだからです。

もちろん、この「死」を、別に特攻と重ね合わせて、文字通りの「死」と解する必要はないでしょう。象徴的に自己滅却を「死」といってよいでしょう。

西田は次のようにいっています。「絶対矛盾の自己同一によって直観的に現れるものは……我々の死の底から見られるものでなければならない」。

また次のようにもいいます。「歴史的世界において物が作られるということは……自己自身を消すことによって生産することである、死することによって生れることである」（共に「人間的存在」より）。

『善の研究』以来、西田哲学は、当時の若い知的な青年を常に惹きつけてきました。これは、そのきわだった難解さ、読みづらさを考えれば驚くべきことで、確かに小林秀雄が嘆息するように、西田のいっていることなど何ひとつわかりもしないエセ哲学青年を多量に産出してしまったのかもしれません。しかし、ここにはやはり時代のもつ切迫感があったように思われます。危機においては、その国のもつ精神的伝統の奥深い何かが、実存の形へと結晶してくる時というものがあるのでしょう。

この場合には、この実存の形は、一種の自己否定や自己犠牲によって真の行為へと自己をかきたて、歴史的状況へ働きかける、というものでした。歴史的世界へ参与するということは、一度は自分自身を滅却することだ、と西田はいうのです。繰り返しますが、もちろん、西田はここで戦争への覚悟を特に説いているわけではありません。戦争を念頭においているわけでもありません。しかし、歴史の危機が極限まで高まったある一瞬に、生死のすべてがかかってくる瞬間というものはやってくるのです。

西田は、その時間論のなかで、存在する時間は、ただ「今」だけだ、といいます。われわれは「今」この瞬間しか、自己を意識しえないからです。時間として意識できるのはただ「今」の瞬間だけです。

しかし、その「今」は、すぐ後には過去となり、また将来が次々と「今」になる。こう考えれば、あらゆる「今」のなかに、過去も将来も含まれているのです。それを西田は「永遠の今」といったのでした。

われわれは常に「今」のなかにいるのですが、しかしその「今」はたえず過ぎ去るがゆえに、過去へと何かを残してゆくものであり、また、次々とやってくるという意味で、いつも将来を取りこんだものでなければならないのです。個人にとって将来の果ては「死」です。また自分が過ぎ去って置き去りにしてゆくものは子孫であり、彼らの社会です。こうして、われわれの実存は、常に、自己の死を見据えて、子孫に残してゆく活動の形なのです。これは、ハイデガーが「先駆的覚悟性」と呼んだ問題関心とも重なってくるのですが、それを西田は「永遠の今」といいました。

特攻とはいいませんが、当時の時代を生きた多くの若者たちが、自己の「死」を、残された者へ向けて選び取られた最後の決断だ、という意識をもっていたことは事実でしょう。それは「無」へ向けられた決断であり、また滅私という意味では「無」に於ける決断だったのです。それは一瞬のものですが、その一瞬は「永遠」の一瞬なのでした。「永遠の今」は「永遠の無」へ繋がった一瞬なのでした。

ゼロ戦の「ゼロ」は、皇紀2600年の最後のゼロから取っているようですが、ゼロは零《れい》で、それは確かに「無」を暗示します。ゼロ戦（零戦《れいせん》）というものの存在が、どこか、日本的精神の「あきらめと覚悟」を連想させるのは、それが「永遠のゼロ（零）」＝「永遠の無」へつながっているからだとすれば、それはいい過ぎでしょうか。

第六章　日本人の宗教意識

罪の意識と恥の意識

しばしば西洋は個人主義で日本は集団主義だといわれます。１９８０年代には、戦後日本の経済成長を支えたのは集団主義の日本型経営だといわれ、90年代になると、今度は、日本経済の停滞をまねいたものはその集団主義的経営だといわれました。

昨日まで集団主義礼讃だったものが、次の日からみんなして集団主義批判へ変わるということ自体が集団主義の特徴なのですが、そんなことには誰も無頓着なのもまた、みなが同じ集団的な「空気」に動かされているからでしょうか。

集団主義をやめて個人主義でいこうというのは、別に90年代に始まったことではありません。実は日本の「戦後」とは、まさに、日本の文化的風土のなかに個人主義を定着させることができるか、というたえまない、しかしむなしい実験だったのです。

たとえば、あのルース・ベネディクトの『菊と刀』の名高い区別、西洋社会の「罪の文化」を日本社会の「恥の文化」と対比させるあの区別も、西洋は個人主義であり、日本は集団主義である、という暗黙の想定によっています。

また、進歩派知識人と呼ばれる戦後民主主義者たちも、戦後日本の課題を、天皇制的家族的国家から自立した個人の民主国家への転換にみていました。

それにもかかわらず、どうみても戦後の日本に「確かな個人」が根付いているとは思えません。それどころか、誰もが人の目や他人の評判を気にし、世の中の流れに遅れまいと必死で、情報化社会のおかげでやたら狭くなった世間で汲々と生きているようにみえます。また他方では、まったく人のことを考えない傍若無人な「個人」や、ナルシストまがいに自分にしか関心のない「個人」がこの世を謳歌しています。

とてもではありませんが、天皇制をやめて民主主義にすれば、「確かな個人」という便利なものが確立するというものでもなければ、個人主義、個人主義という掛け声をかければ、いきなり「個」に目覚めるなどというものでもありません。

個人主義がよいかどうかはここでは少し別にしておきましょう。どうも問題の根はなかなか深いということになります。いったい、日本で「個」の意識が弱いのはどうしてなのか。これは日本文化そのものの問題なのではないか。「個人主義」という観念はそもそも日本社会に根付かないのではないか、といった疑問がわいてくるからです。

そこでしばしばでてくるのが宗教論で、西洋の個人主義は背後にユダヤ・キリスト教という強力な一神教があるからだ、といわれる。ベネディクトのいう西洋の「罪の文化」も、実は背後にキリスト教を前提としている。神の教えに背くところに「罪の意識」がでてくる。そこに良心の観念も成立することになる。

これに対して日本文化は多神教で絶対的な神の観念をもたない。そのために、個人の内面的な良心と観念が成立せず、内面の道徳意識も成立しない。それにかわって、「世間」からどのようにみられるか、という外面的な意識が強い。それは「罪の意識」ではなく「恥の意識」だ、というのです。

西洋の「個」の意識が、特にプロテスタントにみられるように、超絶的な神の観念と切り離せないことは事実でしょう。それだけが西洋の「個」の観念を生みだしたわけではないものの、一神教のキリスト教が関与していることは間違いないでしょう。福田恆存なども、絶対的なもの、超越的なものの観念をもったかどうかが、西洋と日本の決定的な違いであり、西洋の個人主義的な近代社会は、この絶対的な神との対決のなかから生み出された、というようなことを述べています。

これに対して、日本の宗教意識は、確かに個人と神の対決、といった西洋的観念をもたないようにみえます。特に神道や日本的な自然観においては、「神」は、いたるところに存在しており、昔は地方に行けば、山や森や滝やさらにはトイレにまで神様はいました。もちろん神話上の神も多数います。多すぎて名前もわからないぐらいです。

これはこれで間違っているわけではありません。確かに、日本の超越的なるものへ向けた意識は、四季の移りゆく自然や農耕の収穫と無縁ではなく、「神」というより「迦《か》微《み》」という意識が強いことは否定できません。

それはそれでよいのですが、では、日本人の宗教意識のなかに、絶対的なものへの志向はまったくなかったのでしょうか。決してそうはいいきれないのではないでしょうか。

西洋においては、絶対的な神への救済を求めるまさにその仕方において、神に直面する「個人」というものが生み出されました。カルヴァン派の教義のなかに、近代社会の成立の契機をみたマックス・ウェーバーは、神の救済を求めて「世俗内禁欲」を実践するカルヴァン派の内面に、どうしようもなく深い孤独のなかで救済の確証を求めて不安におびえる「個」というものをみいだしました。「個」は神に直面し、神の救済を求める、しかしその神の意志はまったく計り知れない。そのためにかえって徹底的に孤独な

「個」が成立する、というのです。

西田幾多郎の宗教観

果たして、それに対応するものが日本にはまったくなかったのでしょうか。たとえば、親鸞は、これに似た救済を求め続けたのではなかったでしょうか。親鸞が、阿弥陀仏は自分一人を救うものだといった時、彼は徹底した「個」のなかへ突き落とされていたのではないでしょうか。

農耕社会の豊穣を祈るというような自然的な宗教ではなく、個人の生と死に直結するような救済の宗教が日本になかったわけではありません。しかし、その意味が改めて問い直されるのは、キリスト教という西洋の一神教が導入され、それが知識人の心をつかむようになる明治以降でした。これは日本の近代化と深くかかわることなのです。

西洋的な個人意識に目覚めた日本近代の知識人たちは、「個」の生と死の意義、もっといえば、個人の実存と救済という問題に直面したのであり、そこに改めて「日本人の宗教」という課題がでてきてもまったく不思議ではないでしょう。

しかも近代化のなかで、伝統的な生活や慣習が崩れてゆき、儒教的な倫理観によって組み立てられていた家族や社会の秩序が崩壊してゆきます。そのなかで、個人がむきだしの形で、自分の欲望や他人との関係に直面し、それを処理してゆかなければならない、という時代になってくるのです。こうなると、「個」の生と死をどのように自覚的に組み立てるか、という問題が、とりわけ知識人の関心にならないはずがありません。

さてこうしたことを書いてきたのは、実は、西田幾多郎の宗教観を論じてみたかったからです。近代の日本における「個」の自覚と宗教意識の関係を、哲学の主題としてとりあげた人物は西田をおいて他にはないからです。

西田はもともと宗教には深い関心をもち、最初の書物である『善の研究』でも宗教を取り扱っていましたし、その以前、金沢にいた若い時分から参禅したりしていますが、晩年になれば、宗教を哲学のもとで主題化することになります。これは西田哲学からすればほとんど必然の経緯といってよいでしょう。西田の「無の哲学」は、明示はされなかったとしても、ずっと宗教意識を随伴してきたからです。

西田の死んだのは1945年の6月7日ですが、その4か月ほど前の2月から、彼は遺作となった最後の論文「場所的論理と宗教的世界観」を書いており、4月に脱稿します。これは西田哲学の集大成のような論文で、西田自身、この論文についてある手紙で

「これは私の最終の世界観とも云うべきもので、私に取って実に大事なものであり、また是非諸君に見てもらいたいと思うものです」と書いているのです（3月23日、沢瀉久敬あて）。

この論文で、彼は浄土真宗の根本的な考えを哲学化したともいわれるのですが、確かに、もともと禅宗に深い関心をもっていた西田が真宗へと接近するのは、彼の人生からしてもわからなくはありません。次々と肉親や友人の死に立ち会い、もともと強壮な体の持ち主ではなかったようですが、自身も病気がちになり、肉体の衰えを感じ、死期のそれほど遠くないことを感じるようになっていたのです。

だから、宗教的な「信」というもの、それも禅的な自力による悟りではなく、「信」による救済へと関心が向かうのはわからなくはありません。

しかしここで大事なことは、西田は、別に禅宗や真宗の教義の哲学化を意図しているのではなく、宗教の普遍的構造を哲学の主題にしたということなのです。彼がどの程度宗教家であったかなどということとは別に、宗教はまぎれもなく人間の心霊上の事実であって、その事実は哲学的に説明されなければならない、と彼はいうのです。

結論を先取りしていえば、人間の存在の構造そのものが宗教的だ、と彼はいう。宗教は人間の妄想が生み出した幻影であるどころか、それこそが人間のありようのもっとも深いところに根ざしており、人間にとっては根本的な現象にほかならない、という。なぜなら、人間は、自己とは何かと問い詰める存在であり、そう問うた時、宗教なるものが問題とならざるをえないからです。

「宗教の問題は、価値の問題ではない。我々が、我々の自己の根柢に、深き自己矛盾を意識した時、我々の自己の存在そのものが問題となるのである」

さらに続けて彼はいっています。「人生の悲哀」という事実を人は本当にはつきつめてみていない。ここには自己の矛盾があって、その矛盾をつきつめれば、「死の自覚」になる。ここに宗教的意識がある、というのです。

はたしてどういうことを西田はいおうとしているのでしょうか。

人は誰も自分が死ぬことを知っています。普通、その意味は、人間も生物的な存在なので、あらゆる生物と同様に私も死ぬことがわかっている、ということです。つまり、頭でわかっているのです。理性でわかっているのです。

しかし、理性でわかっているとはいったいどういうことなのでしょうか。「理性」という何か不滅なものがどこかにあるのでしょうか。この「理性」というものが、「私」

をみて、これはいずれ死ぬといっているのでしょうか。

だけれども、個体としての私が死ねば、私が頭で考える、などということも意味をもちません。私の理性というものも、消えてなくなります。

だから、われわれが「死」というものを自覚するのは、頭でわかっている、ということではありません。それは、個体として、生命体として、いまここにいる「私」が全面的に消滅し、なくなってしまう、というおぞましい、あるいはとてつもなく恐ろしい意識にとらわれることなのです。どうにもならない圧倒的な何かによって「私」は消滅させられるのです。「私」というものが全面的に否定される。否定されることによって、「私」は「無」へ投げ込まれるのです。

「永遠の死」

こうして「死」は永遠の「無」へわれわれを投げ込む。そして「無」は無限であり、永遠です。だから「死」はそれ自体が永遠だともいえるでしょう。「永遠の死」といってもよい。より正確にいえば、「死」によって、われわれは「無」という永遠のものに触れるのです。このとき、「無」という無限の前で、「私」はようやく自分を死すべき存在であることを知ることができる。

「無」というものについてはまた後に述べましょう。「無」をわきに置いて、もう少し一般的にいえば、「私」という「個」の消滅は、「永遠なるもの」という「絶対なるもの」(絶対者)の前において初めて理解されることになる。しかも、「私」という生命ある個体は、この「絶対的なもの」によってその生命をバッサリと否定されてしまうのです。「死」という絶対的なものによって、私という生命体は完全に否定される。

ふだん、われわれは特にそんなことを意識しません。しかし、巨大災害に見舞われたり、突然、生死のゆくえ知れぬ病に冒されたりすると、たちまち、どうにもならない「何か」によって、私が否定されることになる。これは恐ろしいことです。われわれは、この「絶対的なもの」の前でまったくの無力であるほかありません。

しかしそのことをいいかえれば、この「永遠なるもの」「無限なるもの」すなわち「絶対なるもの」(絶対者)の存在によって初めて「私」は死すべきものとして自己を意識することになる。しかもそれはほかならぬこの私であって、「私」という「個体」の身の上の事実にほかなりません。誰に代わってもらうわけにもいかないのです。

こうして、ほかならぬ私という「個」は、死すべきものとして初めて意識される。

「私」は、「絶対なるもの」の前で死ぬものとしてようやく生きた「個」として自分を自覚することになるのです。絶対者がなければ、「個」という死すべきものもないのです。

西田は、それを次のようにいう。

「自己の永遠の死を自覚すると云うのは、我々の自己が絶対無限なるもの、即ち絶対者に対する時であろう。絶対否定に面することによって、我々は自己の永遠の死を知るのである」

そして、「自己の永遠の死を知るもののみが、真に自己の個たることを知る」のであり、「それのみが真の個である、真の人格である」というのです。

「個」の意識というものは、このようにして成立すると西田はいう。それは、ただそこにいるだけで「個人」なのではありません。何やら『日本国憲法』13条にあるように、「すべて国民は、個人として尊重される」というようなものではないのです。オギャーと生まれたという事実だけで「個人」がいるわけではないのです。われわれが、自己を自己として意識するのは、「死」というものによって、自己をまずは全面的に否定されることによってなのです。

もちろん、文字通りに死んでしまえば何の意味もありません。だからこれは、死の自覚において、絶対的な「無」の前で、自己という「有」を一度はすべて捨て去る、ということにほかならないでしょう。この矛盾したあり方においてのみ、「個」というものが自覚される。しかもこのとき、「無」という絶対的なものは、何か、外にあって「私」を否定するのではありません。「死」は確かに、災害であれ病気であれ、「外」からやってきて私の生命を奪い去るようにみえます。しかし、ここでいうのはそういうことではなく、死がもたらす永遠の無を知れば、「私」などは実にちっぽけなほとんど偶然に生をつむいでいるささやかな存在である、と自覚されるということです。

そのとき、「永遠の死」は、実は、私自身の「内」にある。「永遠の無」も外にあるのではなく、われわれの内にある。われわれは、われわれの心の底に、すでに、われわれの存在をいっきょに否定する「無」という絶対的なものをもっているのです。だから、「個」の自覚は、わが内なる「永遠の無」に向き合い、私を否定する絶対者の自覚によって生み出されることになるのです。

「自己が自己の永遠の死を知る時、自己の永遠の無を知る時、自己が真に自覚する。そこに自己があると云うことは、絶対矛盾でなければならない」

自己を自覚するということは、絶対矛盾だという。それは次のようなことです。

自己が死すべきものである、つまり、自分が永遠の死へ向けた存在であるということを知っているということは、永遠の死を超えた意識がそこにある、ということになります。そしてそれは絶対者の意識にほかならない。

とすれば、自己の奥底には自己を超えた絶対者がある、ということになる。自己の内に、自己を否定する絶対者があるのですから、これはどうしようもない矛盾だ。しかし、その矛盾がなければ自己という自覚はありえない、といっているのです。

一見したところ、何か妙な思弁に偏した言語をもてあそんでいるようにみえるかもしれません。しかし決してそうではありません。少し砕いていえば、きわめて当然のことを述べているだけなのです。

われわれは、先にも述べたように、突然、生死の境界に行きあたったり、あるいは、親しい人の死に直面し、どうしようもない無力感に襲われるでしょう。自力ではどうにもならないのです。「永遠の死」あるいは「永遠の無」の前では、まったく何もできません。ただただ自分が無力でちっぽけな存在であることを知るほかありません。

しかし、その時にまた、そのちっぽけで塵芥のごとき自己は、あるいは親しい人は、かけがえのない、一回限りの、まさに今そこにいる「個」として自覚されるのではないでしょうか。つまり「人格」として意識されるのです。ということは、われわれは、永遠の死（無）という絶対者によって、一度は、自己を否定されて初めて「人格」的な「個」という自覚をもつことになるのです。

しかも、この絶対者はあくまで自己の「底」にある。こうして、自己の根源を覗き込み、そこにある矛盾に到り、その底にある絶対的なものに触れることこそが宗教的な意識なのです。「自己が自己の根源に徹することが、宗教的入信である」と西田はいう。この根源にある矛盾を自覚し、絶対的なものにおいてしか自己というものはあり得ない、と知ること。それこそが宗教だという。それを西田は「廻心」というのです。

さて、これまで述べてきたことを、少し異なったいい方で、しかももう少し一般的に述べてみましょう。

一人ひとりの人間は、それぞれ異なっており、しかも死すべき存在です。つまり、われわれが生きているこの世界は、あくまで相対的な世界です。人それぞれの人生があり、死があります。それは多様であり、それぞれが相対的で、この世の現実はすべて相対的といってよいでしょう。われわれ一人ひとりは、まさにこの相対的存在です。

ところで相対的である、といえるためにはどこかに絶対的なものがなければなりません。「相対的」という言葉は「絶対的」に対していわれる言葉なのです。

ところがそういったとたん、奇妙なことが生じます。「相対」と「絶対」を対比させたとたん、今度は「絶対」が絶対的ではなくなってしまうのです。なぜなら、「絶対」が「相対」との対比でいわれれば、それ自体が相対的になってしまうからです。

これでは困ります。ではどう考えればよいのか。

悪魔的世界

西田は次のようにいうのです。絶対的なものが、自らを否定することによって相対的なものが成り立つ。また、相対的なものが自らを否定することによって絶対が現れる。絶対的なものと相対的なものは、それぞれ、自らを否定することによって、他方へと現れるのです。これを西田は「逆対応」という。

ここまでくれば「絶対的なもの」とか「相対的なもの」という抽象的ないい方をする必要はもうないでしょう。いうまでもなく、「絶対的なもの」とは「神」といってよい。「相対的なもの」は「人」です。「神」は、自己否定として「人」において現れ、「人」は、自己否定することで「神」に接するのです。「神」と「人」は、それぞれ、自らを否定することで、逆接的に相互に接しているのです。

確かに、人は「神」の声を聞く、としばしばいわれる。その場合、「人」は徹底して自らを殺し、「神」に服さなければなりません。その時、「人」は、徹底した信仰生活において「神」に呼ばれるのです。キリスト者にはしばしばそうした体験が語られます。しかし、絶対的な「神」が自らを否定するということは、実はそれほど悠長なことではありません。それはまたとんでもないことを意味している。それを西田はこういいます。「真に神の絶対的自己否定の世界とは、悪魔的世界でなければならない」と。

神の自己否定とはただ神のいない世界ではなく、極悪の世界なのです。だから、われわれ人の世は、その本質において、悪魔的世界、極悪の世界ということになる。いや、神みずからが極悪にまでならなければならない、というのです。

そして、そうであればこそ、その極悪を救うのが絶対者としての「神」にほかならない、ということにもなる。「悪逆無道を救う神にして、真に絶対の神であるのである」といわねばなりません。いいかえれば、「神は逆対応的に極悪の人の心にも潜むのである」。

ここまでくると、どうしてもあの有名な逆説を思いださずにはおれないでしょう。いうまでもなく「善人なおもて往生をとぐ、いわんや悪人をや」というあの親鸞の言葉です。「悪人正機」です。絶対者の自己否定的な形での相対への逆対応は、親鸞の悪人正機説そのものといってよいでしょう。絶対者は、極悪人をこそ救済する。なぜなら、それは、自らの否定態だからです。また、だからこそ、極悪人のなかには神が住まうのです。正確にいえば次のようになる。「我々の心は、本来、神と悪魔との戦場である」と。

これが人の世界だ、と西田はいう。なにか、ドストエフスキーの亡霊がうろついているような気もしてきます。

「人間は神の絶対的自己否定から成立するのである。その根源に於て、永遠に地獄の火に投ぜらるべき運命を有ったものであるのである」

キリスト教は人間存在の本質を原罪という根源的堕落におきました。また浄土真宗も人間の本質を罪にみる。そして、それが絶対者の自己否定であることを知れば、人は、ただただ、自己を否定して、絶対者に帰依し、その救済を待つほかないのです。自力で自ら救うのではない。救済されるのです。それ以外にありません。他力本願しかないのです。

さて最後に次のことを述べておきましょう。かくて、キリスト教も浄土真宗も基本的に同じ構造をしているのです。これは、宗教そのものの在り方であり、それは人間の存在の根源にかかわっている。だから、人は、自らの根底に「神」をみいだすのです。

とはいえ、キリスト教の「神」と仏教的な「無」はやはり違っている。そして、実は、ここに日本の「無の思想」の本質があるのではないでしょうか。

先に、「絶対的なもの」と「相対的なもの」をそのまま対比させれば、「絶対的なもの」まで相対的になってしまい、絶対的ではなくなる、といいました。その場合、もし、「絶対的なもの」が実体をもった存在であれば、どうしてもそれは相対的になってしまうでしょう。だから、「絶対的なもの」は、本質的に実体をもたないのです。つまり「無」であるほかないのです。絶対者とは、本質的に「無」になる。永遠の死であり、永遠の無ということになる。しかし、西洋の宗教は、そこに「神」という全能の絶対者をもってきました。日本では、それは「無」というほかないのです。いや、「神」といえども、その本質は「無」ということになるのです。

別に浄土真宗をことさらもちだす必要もないでしょう。われわれの根底には、死の背後に広がる無限の「無」という意識があるのではないでしょうか。その「無」の前では、われわれの自己などというものへの執着は取るに足りません。また、絶対者の自己否定であるこの世が、ともすれば悪と苦に満ちた穢土《えど》であることを自覚すれば、われわれは、自らの心の底に「絶対者からの呼びかけ」を聞くことができるのかもしれません。それはやはり「良心」というべきものなのです。西洋では、呼びかける絶対者は「神」でした。日本では、それは漠然と「無」と意識されるものなのです。そして、西田は、いわば論理的にいって「無」の方が、より根源的だと見ているのです。

西田が、この遺作を書いている時期は、連日の東京大空襲があり、戦局がいよいよ最終局面に入ってくるころです。もちろん、西田は敗北を覚悟し、それでも日本文化、もしくは日本人の精神は何を残すべきかを考えていました。この時期、西田はまた長女の死に出会ったりもしており、自身も健康を害する日々でした。ある手紙のなかに次のような言葉が記されています。「私ももう老年になり、何時ともわかりませんが、この頃になりて思想が熟したとでも云うべきか、色々の考えが浮かんできます。……私は実に決死の覚悟をもってペンを取っています」。そして続けて書いています。「万一、不幸にして戦に利あらずとも、国民的自信を失うことなく又再起の時あらんと思います」と（3月23日、島谷俊三あて）。

第七章　「有の思想」と「無の思想」

死の国の入口

金沢から七尾線に入って少しゆくと宇ノ気（宇野気）という小さな駅へ着きます。金沢から距離にして20キロといったところでしょう。そこからまたしばらく歩くと森というところがあって、西田幾多郎はこのひっそりとした集落に生まれました。小さな標識がかつての生家を示すだけです。今でもいくつかの家が寄り集まっているといった小さな集落ですから、明治のころは本当にさびしい寒村といった趣だったのでしょう。西田の息子の外彦は、そのあたりのことを、冬は雪に埋もれ、春から夏にかけては雨気を含んだ暗い雲に覆われ、夏は沈痛な海原、秋は氷雨のふる北陸のさびしいへき地である、と書いています。

その宇ノ気も今ではかほく市になり、結構な住宅地になり、おまけにロードサイドの量販店やあの郊外型巨大ショッピングモールまで抱え込んでいます。利便性と快適性のあくなき追求を旨とする近代という時代は、どこもかしこも同じような風景で覆ってゆくもののようです。

宇ノ気は日本海に面しており、西田の生家のあたりからも、さして遠くはありません。今では海岸ぞいに金沢へ抜けるりっぱなバイパスが通っていますが眼下に広がる海はなかなか見事なものです。

西田はことのほか海を愛していました。しかし彼の愛した海は、南方へと続く洋々たる海ではなく、陰鬱《いんうつ》な天候のなかを果てしなく灰色に広がる海であり、憂鬱さと懐かしさが混在し、人を解放すると同時にそこへ閉じ込めてしまうような海だったのでしょう。

西田は京都へ引っ越してきてからも、しばしば母親の面倒をみるために宇ノ気へやってきていますが、その母親も死に、自らも京都大学を退官し、鎌倉に居を構えてからは、ほぼ故郷を訪れることもありませんでした。

にもかかわらず、この暗く寂しいふるさとは西田にとっては格別の場所だったのです。彼は書いています。

私の故郷は決して好ましいところではない。よい景色もにぎやかなところもない。深い雪に閉ざされ、荒れ狂う木枯らしの音だけが聞こえ、秋の日も鉛色の雲が立ち込め、地平線に入り日の光は赤暗く、まるで「死の国の入口」のようにも思われる。しかし、私はこの故郷をこの上なくなつかしく思う、と（「或時の感想」）。そして、次の歌を詠んでいます。

我死なば　故郷の山に　埋もれて　昔語りし　友を夢みむ

確かに、誰もが年を取るにつれ懐旧の情にかられ故郷をなつかしむと一般論を述べることはできるでしょう。しかし西田の望郷の思いは、「死の国の入口」とまでいう寒村の風景と決して切り離せないものでした。「過去の思い出なくして我というものはない」と彼はいい、金沢の四高時代を回想していますが、宇ノ気から金沢へという多感な時代の記憶は、まちがいなく北陸という風土の色合いや匂いと結びついたものだったのでしょう。

裏日本と一言でいってしまえば話は簡単ではあるものの、そもそも、日本を「表」と「裏」に分けること自体が、我が国の精神的風土の複雑さを示しているのではないでしょうか。国土を東西や南北、あるいは内陸部と沿岸部などに分けることはあっても、畳ではあるまいし「表」と「裏」に分けるというのはあまり聞いたことはありません。

明らかに「表」は「表」であり、「裏」は「表」の反対なのです。「裏」は「表」の逆に位置することで、いいかえれば「表」の否定において意味をもち、しかも実はその「裏」が「表」を支えているのです。「表」は自らの否定によって「表」たることができるのです。

「表」を代表するものは、東京、大阪、名古屋などの大都市であり、外洋に面した出帆の場所であり、いわば近代化と文明化を暗示する。これに対して、「裏」は、近代化に背を向け、文明から取り残されたもの、内向するものを暗示する。「表」は外延的発展を目指すのに対して、「裏」は内向的な沈潜へと向かう。「表」が「陽」なのに対して「裏」は「陰」であり、「表」が未来を志向するのに対して「裏」は過去を追想する。

かくて「裏日本」という精神風土は、どうしても、内向した情熱や自己規律をともなった忍従、寡黙な思索へと傾斜する、という印象はぬぐえません。

もっとも最近はあまり「裏日本」といういい方はしません。まさかこれも放送禁止用語ではないでしょうが、「表」「裏」は使わなくなりました。

しかしそのこと自体がまさしく「裏日本」の特質で、これは中立的な用語ではないのです。「裏」が喚起するものは、いずれマイナス・イメージなのです。このマイナス・イメージは日本の近代化とは切っても切り離せません。日本の近代化とは、「裏」を排して、ひたすら外を向き、変化を求め、都会をめざし、未来を志向してきたのです。「裏」をも「表」に変えようとしてきた。「裏」など存在しないことにしてきたのです。

しかし、実際には「裏」と「表」はあります。いや、それどころか、我々の中には、いやおうもなく「裏」への気遣い、もしくは「裏」への愛着があります。取り残された者、敗残した者の無念、さびしさへの愛着、失われた過去への追想、といった「裏」が喚起するものへの共感があった。それも、ただ共感というだけではなく、それこそが我々の心の奥深いところに横たわる精神の源郷ではなかったのでしょうか。

「表」と「裏」

そもそも、天武天皇が『日本書紀』を編纂させた時、同時に『古事記』も編纂されました。この両者はいわば「表」と「裏」の関係にあった。正史としての『日本書紀』が、アマテラス大神を軸にして天孫降臨によって天皇への直系を描き出そうとするのに対して、『古事記』の特質は、あえて出雲神話を強調する点にあります。出雲はアマテラスの弟で乱暴狼藉を働いて高天原から追放されたスサノオの系譜にある。スサノオの子孫であるオオクニヌシの国譲りによって始めてアマテラスによる統一国家ができる。こうして出雲という「根の国」を持ち出すところに『古事記』のひとつの意義があって、近年の研究者が指摘するように、ここにはヤマト王権によって滅ぼされた出雲の古代王権への追想や罪責の意識がある、といってよいでしょう。

明らかに、太陽神を思わせるアマテラスは「表」であり、スサノオ、オオクニヌシに代表される出雲は「裏」です。「表」であるヤマト王権はその「裏」に出雲を配している。出雲の国譲りがなければヤマト王権による国の統一はなかった。つまり天皇もなかった。いいかえれば、出雲という「裏」によってこそ、ヤマトの「表」が支えられているのです。

こうして、正史としての『日本書紀』と同時に、いわば「裏」の記憶として語り継がれてきた『古事記』が編纂されました。『古事記』は敗者の歴史であり、敗北してゆくものへの愛惜と贖罪が隠されているとさえいってよい。ここに『古事記』のもつ独自の意義があるのです。これも、「裏」への愛着、敗残者への思い、消えてゆくものへの追慕が、われわれの精神的な源郷になっていることを示しているのではないでしょうか。

それが日本人に固有の心情だなどという気はありませんし、それこそが日本人の誇るべき美質だとまでいう気もありません。しかし、壇ノ浦の平氏、頼朝に滅ぼされる義経から後醍醐天皇や楠木正成、さらには赤穂浪士から西郷隆盛に到るまでわれわれの感情の核を作っているものは、何か、敗北してゆく者、滅ぼされてゆく者、時代の流れから取り残されてゆく者、貶められた者への深い共感にあることは間違いのないことでしょう。

このことは、日本近代の精神史に、深刻な矛盾と亀裂を与えてきました。一方では、われわれは、西洋文明を模範としてひたすら「勝つこと」を目指しました。外を向き未来を志向し、進歩と変化を身上とした。しかし他方で、われわれのなかには、時代に取り残され敗れ去るものへの愛着が抑えがたくある。実は、それこそが自分自身の姿なのです。過去を断ち切ることができず、敗者を捨て去ることができません。「西洋的なもの」が勝者なら、「日本的なもの」は敗者なのです。「西洋的なもの」を志向すればするほど「日本的なもの」が気になる。自らの手で自己喪失をもたらすことへの後ろめたさをぬぐえない。その矛盾と葛藤こそが日本の近代史といってよいでしょう。「表」を打ち出せば打ち出すほど、「裏」への慙愧の念が深まる。そこで「裏」こそが真のわれわれの故郷ではないか、という意識が持ち上がってくる。そこに失われた故郷への思いが重ねあわされるのです。

実際、貧しくも寂しい地方を捨てて都会へやってきたものの、たえず望郷の思いを捨てきれないというのが、近代日本の知識人や文学者の典型的な自画像でした。近代化と故郷喪失のなかで身の置き場がないという居心地の悪さが、多くの詩人や歌人の作品に独特の哀感を与えているのです。

さて、西田は「哲学は悲哀から始まる」といいました。プラトンにせよ、アリストテレスにせよ、西洋哲学が「驚き」から始まるのに対して、自分の哲学の動機は「人生の悲哀」にあるといった。

だから、西田にとって哲学とは、書物から得られる世界に関する客観的な知識などではなく、彼の生き方そのものだった。それは自分の経験に発し、経験に戻ってくるべきものだったということです。知識を学んだ「私」が世界を経験するのではなく、具体的な日常の生の経験が「私」を知る契機となるのです。「私があって経験があるのではなく、経験があって私がある」というのです。

そして西田の「経験」は確かに苦難の連続でした。しかしもう少し言えば、ここには、北陸という「裏日本」の風土が深く関わっているのではないでしょうか。彼の故郷が、西田をして深い人生の「悲哀」へと陥れる背景になっているといってもさしつかえないでしょう。

西田は繰り返し金沢での生活を回顧していますが、金沢での生活は時に激情に任せた奔放で磊落なものでもあったようです。金沢の中心部には今でも立派なレンガ造りの四高の建物が残っていますが、四高生のモットーは「超然主義」だったのです。栄華の巷を低くみて、自らは超然たる高みにある、という旧制高校の精神が北陸の一都市にもあったのです。

しかし、いくら超然を唱えても、超然を唱えた日々はあの北陸の寒々とした風景や荒れた海の匂いと切り離せるものではありません。幼時の楽しさも、北陸という「場所」から切り離されたものではありえないでしょう。「経験」は常にある「場所」において生じるのです。「人はその本を忘れてはならぬということは……人間自然の誠である」と彼が書いたとき、彼の経験の「本」にあった北陸の暗い海が記憶の底におぼろな造形をとっていたことは間違いないでしょう。

しかし同時にまた、彼は近代を生きた人物で、徹底した意志的な近代人です。西洋哲学を学び、しかも、西洋の文学や詩に到るまで、西田の読書量はきわめて広範で多岐にわたるものでした。彼は、可能な限り合理的・論理的な思考につとめ、日本人はもっと科学的でなければならない、ともいっている。「経験」に徹底してこだわった人物はまた同時に、徹底して客観的で科学的な態度にこだわったのです。「純粋経験」から出発した彼の哲学が「絶対無の場所」の論理に行き着いた時、彼はこれを徹底した実証主義、客観主義だなどと述べているのです。

もちろん、それはいわゆる西洋の合理主義や実証主義とはまるで異なったものなのですが、西田が、悲哀という主情的で経験的なものから出発しながらも、それをできるだけ一般化し、客観的なものへと高めようとしたことは間違いありません。そこで彼が行き着いたのが「無」の論理だったのです。

我と理性と精神と

西洋哲学は「驚き」から始まるといいました。これはいいかえれば、まずはモノがそこに有る、ということです。見事な花が有る。世界はこのように、ここに有る、ということです。有るもの、存在するものへの驚愕があるのです。そこから、西洋哲学は、存在するものの本質を問い、さらには、それらを存在させるものは何か、と問うていったのです。

プラトンにとっては、存在するものの本質はというと、それは「イデア」とされた。イデアとは「形相」であり、たとえば三角形には、二等辺三角形や不等辺三角形など様々あるでしょう。しかし、それらを抽象化して一般的に三角形と呼びうる形がある。目の前にそれがなくてもわれわれは三角形を頭の中に描くことができる。具体的な三角形は、すべてこの抽象的形相としての三角形のイデアが表現されたものなのです。存在するものとは、かくして抽象的な形相の実現であって、その本質的形相を知ることが哲学だった。だからすべてのもののイデアを思考する、つまり「観照」こそが人間のもっとも高度な営みだったのです。

古代ギリシャ人たちももちろん「人生」には深い関心をもっていました。プラトンもアリストテレスも「善き生とは」という問いを発し、まさに「善きもの」を知ることが哲学者の仕事だという。しかし、その場合の「善きもの」は、「イデアを知る」という観照と切り離されることはなかった。「善き生」とは「真理を知る」ことなのです。生とは何よりも知（真理）への愛（フィロ・ソフィア）にほかならなかったのです。

こうして、西洋哲学や西洋思想の基軸は、存在するものの本質へと向かい、それを作り出したものは何か、という方向へと向かいました。ギリシャ哲学の「イデア」はそれに対する一つの解答であり、もう一つの決定的な解答はユダヤ・キリスト教の「神」でした。

「神」までくると話はかなりわかりやすく、「神」という絶対者がすべてを生みだしたのです。聖書の『創世記』によると、「神」は、まず昼と夜を分け、大地と海を分け、太陽と月を分け、魚と鳥を分け、獣と家畜を分け、人を作った。神の創造とは、存在を区別して名づけることだったのです。そしてそれぞれに存在の意味があるのです。

もちろん、われわれからすると「神」を持ち出すのはルール違反であって、何も説明したことにはなりません。そして近代の哲学者の仕事は、端的にいえば、存在するものの意味理解を「神」なしにどう論じるか、ということでした。存在を存在たらしめているものは一体何なのか。「神」を退場させて、しかも人間がこの世界に対してどのような意味を与えることができるのか、この世界にどのように対峙できるのか、ということです。

そこで、デカルトは世界に先だって「我」という揺るがぬ主体を持ち出し、カントは普遍的な「理性」を唱えた。ヘーゲルもまた歴史を具体的に実現する「精神」があるとした。しかしどれもみな、やはり背後に「神」を想定しています。「神」を隠し持っているのです。結局、「神」のような究極的絶対者を想定しないと、存在はうまく理解できません。世界を「有る」から始めるとこうなる。西洋の思想はよかれあしかれ「有る」の思想として組み立てられているのです。

もちろん西洋思想のすべてがそうだというわけではありません。しかし、西洋思想の中心は、世界を成り立たせている真実在は何か、という究極の真理の探究へ向かいました。われわれの目前のモノや現象はただの現象だとしても、それをあらしめている真の実在は何か、ということです。第一原因といってもよい。いずれにせよ、これは「有る」から出発した論理なのです。

では、「悲哀」から始まる日本の思想とは何なのでしょうか。西田は、西洋思想は「有の思想」であり、日本の思想は「無の思想」だとみる。西洋は「有」から出発し日本は「無」から始まるという。

以前にも述べましたが、西田の問いも実は西洋哲学の伝統的な問いを引き継いだもので、やはり「真の実在」を徹底して探究するということでした。しかし彼は、西洋哲学とは問い方をまったく逆にしたのです。

たとえば今、私が友人宅で一幅の絵を見るとします。この時、私という主体がいて、それが向こうにある絵という対象（客体）を認識するのではない。この場合、絵は、私を離れてあるのではない。私と絵が、友人宅で出会いひとつになっているのです。友人宅という「場」を離れて私もモノもない。いいかえれば、ある場所で、あるモノに出会うことで初めて「私」が意識されてくるのです。また、その時に、その場に於いてモノがある形をとって現れるのです。

では、その出会っている場所（友人宅）はどうやって認識されるのか。ここでまた同じことが生じます。その場所を場所として成り立たせているもう一次元高度な「場」が必要になるでしょう。この高次の「場」に於いて最初の「場所」が定義されてくるからです。では、この操作を続けてゆけばどうなるか。最後には、実体をもたない究極の「場」を想定するほかありません。もし、実体をもった「場」なら、それはより高次の「場」に於いて有る、ということになるからです。こうして、最終的にでてくるのは、「無」という「場」なのです。

だから西田は、「無の場所」を究極的な実在だと考えたのです。彼からすれば、西洋哲学を徹底してこれを乗り越えた、ということだったのです。しかもそこで彼が見出したものは、「無」こそがすべての存在の根源であるという、どうみても西洋思想とは似ても似つかぬ思想だった。それこそが日本の「無の思想」といわれるものでした。

「無」から「無」へ帰ってゆく

もう少しわかりやすくいいかえてみましょう。

ここに白い紙があり、上に三角定規が置いてあると考えてください。私はそれを上から見ています。そこで三角定規を動かしてそれを別の紙に移動します。すると、最初の紙には何もなくなり、後の紙に三角定規が置かれています。しかし、三角定規であって、どこへいこうと同一物です。私も視線を移動すると、定規という実在が常にあります。物体が移動しただけのことです。

しかし、たとえば、最初の白い紙の上で私と三角定規が出会っており、私も三角定規も、この白い紙の上にのっているとしましょう。そこでもし定規が動けば、定規は私の前から消えてしまいます。私はその三角形を失ったことを嘆くかもしれません。またもし私が後の紙の上にいたら、そこに定規が出現し、その時に、私は三角形と感動的な出会いを経験することになるでしょう。

この白い紙がいうまでもなく「場」なのです。私も三角形も「場」がなければありえない。「場」によって初めて経験もあるのです。

そこで、白い紙を透明ガラスにしましょう。最初のガラスから後のガラスに三角形が移動したとすると、最初の場面では、三角形は完全に消えてしまいます。それは透明ガラスに溶け込んでしまったのと同じです。一方、後のガラスにおいては、三角形がいきなり出現するのです。

面倒なので、この透明ガラスを端的に「無」といっておきましょう。最初の「無の場所」においては、三角形は「無」へと帰してしまいます。後の「無の場所」では、三角形が「無」から生まれ出てきます。こうして、結局、最終的にすべてを包摂する「絶対無の場所」というものを考えれば、すべての存在は「無」から現れ、また「無」に帰してゆくのです。存在を存在たらしめているのは、何か絶対者のような究極存在ではありません。しいていえば「無の場所」なのです。いっさいは、ただ「無」からでてまた「無」へと帰ってゆくだけなのです。

しかしそれだからこそ、われわれは、ある場所であるモノとほとんど偶然の出会いを経験できるのです。この「ある場所」を「この世」といってもよいでしょう。今まさにわれわれが共に生きて有るこの世界です。私と先ほどの三角形との出会いは、ほとんどこの世の偶然なのです。それをわれわれは一期一会という。この世の「縁」ともいう。この世の縁を離れた「私」という抽象的な主体があるわけでもなく、三角形という抽象的実体がどこかにあるわけでもない。

もっとも、三角形との一期一会の出会いなどといってもあまり感動的でもありません。どんなすばらしい三角形と出会っても背筋がゾクッとすることはないでしょう。しかしピタゴラスは感動したのです。彼は三角形と格闘して、その内角の和が180度になるという抽象的な「法則」を発見しました。またさらに、直角三角形の直角をはさむ二辺の二乗の和は第三辺の二乗に等しい、という「法則」を発見しました。後者などは確かに相当に感動的です。この世で三角形と出会ったかいがあったわけです。

確かにこれは「驚き」だった。三角形という形の不思議さに驚いたのです。ギリシャ人は妙なものに驚く人種だなどといっても仕方ありません。ここで大事なのは、「有る」ものには、それを成り立たせている「法則」あるいは、より高次の抽象的実在がある、という信念なのです。

そしてそれが、近代にはいると、科学を生み、技術を生み、この世界を人間の合理性によって作り変えることができる、という驕りを生み出したのでした。

西洋思想において、存在の究極の根拠を「神」としておきましょう。「理性」でもよいのですが、わかりやすく「神」にしておきましょう。すると、「神」という究極存在が次々と存在を生みだしました。世界の創造です。こうして、存在するものすべてが、それ独自の個物として意味をもってくる。世界は存在で充満すると同時に、それぞれの存在が区別されます。動物は哺乳類や両生類や魚類などに区別され、哺乳類はクジラやライオンやゾウなどに区別されます。世界とは、区別され弁別され、名づけられたものの集合体なのです。

そうすると、ここからひとつの態度がでてきます。この世界のすべての存在物を収集し、それを手に入れる、という態度です。いや欲望といった方がよいでしょう。こうして、博物学が誕生し、分類学ができあがり、世界をすべて見聞するという冒険家が出現し、さらには、世界の果てまでも我がものとしたいという欲望が生まれてくる。知的好奇心は欲望の無限の膨張をもたらし、さらには所有欲の自動運動を生みだしてゆきます。その極みが帝国主義や植民地主義になったわけです。「有の思想」はそこまでいった。「有の思想」は「無限拡張の論理」になったのです。

しかし「無の思想」からはそうしたものはでてきません。無限に膨張する欲望などでてきようがありません。これはどちらがよいかということではありません。ただ日本の思想は、あらゆる日常のささいな出来事のなかにも一期一会の邂逅《かいこう》を、そしてそれを通して「無」をみる、という方向を向いたのでした。

本当の一期一会のなかに私とモノが溶け合って実在の根源に触れたと思われるような出会いを求めたのです。芭蕉はそれを求めて陸奥をさまよったのでした。利休の茶はそのような「場」だったわけです。

大事なことは、俳句や茶というモノではありません。その一句や一服に「無」を思わせるすべてが込められている、と感じられるということなのです。芭蕉が漂わせる無常や利休のわびさびとは、日本における存在のあり方が「無の場所に於いてある」というあり方に他ならないことを暗示しているのです。

そうしたことを初期の西田は純粋経験といいました。桜に感動した時、そこにわれわれは、生のはかなさ、美しさ、時間の無残さなどすべて見るのです。だから、春の日の一瞬の至福の時だけで十分だと思うのです。すべてがその一瞬につまっていると思うのです。それを、ありとあらゆる桜を見て歩き、分類し、講釈をたれ、さらには、あらゆる桜を手にいれたいと思い、やがては、桜の品種改良に精を出して一年中咲く桜を作り出そうとする。こんなこととはまったく無縁なのが「無の思想」だったはずでしょう。

もちろん、それは桜だけのことではありません。フェイスブックとやらで世界中の人と友達になるよりも、ただ一人の友人を大事にし、世界中の絵画を見て歩くよりも、ただ一幅の思い出のつまったささやかな絵を大事にする。そのただ「ひとつ」のモノとの邂逅にはすべてがある、と考えるのです。世界はモノによって充満するのではなく、一つのモノのなかに世界がある、と考える。

それは、物事はすべて「無」からでて「無」へ帰するということです。だからこそ、そこにはどうしても「悲哀」が漂う。日本の哲学の動機が「悲哀」にあるとはそういうことなのです。しかも、グローバル化やIT化のなかで、すべてが拡張と成長と分類と収集へと向かう「近代」の論理に巻き込まれた我々自身が、まさにこの種の「無の思想」を忘れ去ってしまいつつあるのは何ともなさけないことではないでしょうか。

第八章　「日本文化」とは何か

「おもてなし」と神

数年前、アルゼンチンからの留学生の母親が日本に旅行にきました。初めての日本滞在です。この母親がアルゼンチンに戻ってから手紙をくれたのですが、そこには次のように書いてありました。「私が日本でもっとも感銘を受けたものは、あなた方の文化の重要な要素になっているホスピタリティの精神でした」と。「ホスピタリティ」とは「もてなす」ことで、こうなるとどうしても東京オリンピック招致のプレゼンテーションで脚光をあびた例の「お・も・て・な・し」を思い出してしまいます。

外国人に「あなた方のおもてなしの精神に感銘を受けた」といわれるのはうれしいことです。しかし「われわれはおもてなしの精神をもっている」などと胸をはって宣伝するとなると、いささか辟易とします。「おもてなしのこころ」は声を大にしていうものではありません。

もちろん東京オリンピック招致のプレゼンテーションを批判しているのではなく、これは一種の政治的なショウであり自己宣伝ですから、それはそれでかまいません。しかし、何やらその後、商店街へ行っても地方都市へ行っても、テレビを見ていても、やたら「おもてなし」が目につくのもまた困ったものです。

考えてみれば、この違和感にはそれなりの理由があり、その理由は実は日本文化を論じる場合に無視できない何かを含んでいるのではないでしょうか。

確かに、「おもてなし」には、食事のふるまいから贈答や飾り立てまでモノの提供という面はあります。しかしこの場合も、モノのふるまいが大事なのではなく、それによって「こころ」を通じあうことが大事なのです。大切なのは「こころ」の働きなのです。だからこれは黙々と実践するものなのであって、意志が表に現れるようではいけない。本当は、声をあげて「おもてなし」宣言をするなど「おもてなし」からもっとも隔たっているといわざるをえません。「おもてなし」と聞いて、「そうか、表がないのか、裏ばかりか」などと皮肉っていた人がいましたが、一説では、「おもてなし」の語源のひとつは、「表も裏もない」ということだそうで、「表も裏もないまっ正直で純粋な気持ち」ということのようです。わざわざことあげするようなものではないのです。

これは「おもてなし」に限らず、日本文化の様々な局面にまで根を張っていて、われわれはしばしば「こころから……する」といったようなことをいう。この「こころ」は、決して表に現わすのではなく、むしろ、「私」を消し去って相手に寄り添うのです。

こうなるとこれは英語の「ホスピタリティ」とは少し違っていて、「ホスピタリティ」は「ホスピタル（病院）」という言葉と類縁性をもっていることからわかるように、もともと、旅人や異国人を介抱したり、休息を与えたりすることだった。だから、それはあくまで「私」が与えるのです。しかも休息や快適さという（疑似的な）モノを提供するのです。それはキリスト教文化のなかで育った奉仕やボランティアに近いものといってよいでしょう。ここには、「私を消して相手につく」とか、「裏表のないまごころ」という観念は見られません。

さらにいえば、「おもてなし（もてなす）」のもうひとつの原意は「ものをもってなす」という意味だそうで、いわば、自分のこころをモノや行為に込めることで、モノや行為を成就させるというのでしょう。ではこの場合に成就させるというのはどういうことなのでしょうか。

ここから先は私の想像なので、民俗学的根拠があるのかどうか知りませんが、日本における「おもてなし」、すなわち「饗応」や「接待」は、もともと「神」を迎えるという意味があったのではないでしょうか。かつて日本の「神」は、日常の「ふつう」を超えた偉大な何ものかであり、時には凶暴な「力」をもった自然現象でした。暴風雨や雷や地震といったとてつもない自然現象であり、また同時に豊穣をもたらす偉大な恵みの力でもあったのです。そういう人智・人力を超えた力の象徴である「神」を饗応、接待して禍を取り除き、豊穣の恵みを与えてくれるようにするのが日本の祭祀の起源であった。「お祭り」は、「たてまつる」からでているといわれますが、酒や食物など様々なモノを神に「たてまつる」のがお祭りだったわけです。そして天皇はこの「たてまつる」行為の執行責任者であり、つまりは祭祀を執り行う最高の司祭だったのです。

「おもてなし」が、このことと関係あるのかどうかはわかりません。しかし、日本における饗応、接待の観念がどこか「神」を迎え、「神」を敬う祭祀と結びついていることは容易に想像できるでしょう。それはまた「神」への畏れでもあった。だからこそ、そこに邪心や私心が入ってはならないのです。「わたくしごころ」で神を挑発したり神と取引するなど言語道断です。

だから、神の饗応は共同体の秩序と生存において決定的な儀式であり、それを執り行う祭司長である天皇とは、まさに邪心も私心ももたない「まごころ」そのものでなければならなかった。そのゆえに、天皇は、一方で神を祭る祭祀の長であり、共同体の長であり、また同時に、共同体の個々の構成員の本当のあり方をさし示す存在だったのです。そしてそこに、天皇をいただき、「私を捨てる」、「ことあげをしない」、「直きこころをもつ」といった価値を基軸にすえる日本的精神が生み出されたのでした。

「ろくでなし」の時代

ところがまさにそのゆえにこそ、今日、日本的精神や日本文化はグズグズに崩されズタズタに引き裂かれてゆくともいえるのではないでしょうか。なぜなら今日のグローバルな世界は、「私を捨てる」「ことあげをしない」「直きこころをもつ」などという価値とはまったく対照的で正反対の方向にまっしぐらに進んでいるからです。「秘すれば花」や「清明心」や「捨ててこそ浮かぶ瀬」などといっていては、とてもではないですがこのグローバル文明を生きることはできません。商業主義に棹さして自己宣伝し、時には悪賢く他人を蹴落とさなければ生きてゆけない社会になってしまいました。もともと世俗とはそうした社会ではあったのでしょうが、今日の新自由主義がうみだしたグローバルな競争社会は、それをとことん押し進めてしまったのです。何ともおぞましい「自己宣伝」と「自己主張」の社会になってしまいました。

こうしてオリンピック招致以来の「おもてなし」ブームは、グローバルな競争社会の成長戦略などというおよそ「清明心」も「正直心」も吹っ飛んでしまう商業主義と手をたずさえることになってしまったのです。政府も東京都も財界も、そして商店街やホテルも、「おもてなし」と「和食」のおかげで、どれぐらいの観光客が世界から集まり、どのくらいの金を落としてくれるかというさもしい金勘定に神経を集中することになってしまいました。損得勘定や懐具合は誰でも気にはなるものですが、それを国家の一大事業として公認してしまったのです。しかも「おもてなし」を使ってです。こうなると、「神」への怖れと敬いを含んだ饗応は、「金」への怖れも知らぬ執着の場と化してしまうでしょう。

実は、ここにはたいへんに重要な問題があるのです。それは、果たしてこのグローバルな競争的資本主義のなかで、「日本的文化」や「日本的精神」を立ち上げることは可能なのか、ということです。グローバル資本主義というだけではありません。いまやどこその専門家と称する人がテレビのコメンテーターをつとめて即席の有名人になってしまい、誰もがインターネットでつぶやいて他人の悪口を叫び、少しでも被害者になれば声高に叫びたてて加害者を糾弾する時代です。人を押しのけて顔を売る人と顔を隠して他人を糾弾する人が跋扈するというのが今日の風潮というものです。

これほど、本来の「おもてなし」精神から遠いものはないでしょう。これでは、確かに、「お・も・て・な・し」どころか「ろ・く・で・な・し」の時代です。

しかし問題はもっと根が深く、そもそも、言葉にだして自己宣伝しない、「私」を大声で持ち上げない、できるだけ他者に寄り添う、などという「日本文化」を世界に向けて打ち出すことができるのでしょうか。これが果たしてグローバル競争やネット文化と適合できるのでしょうか。それは根本的な矛盾ではないのでしょうか。そして、グローバリズムやネットを支える市場競争原理は、どうしても自我の拡張、自己主張から利益や権利をめぐる争いをもたらします。その行き着くところはほぼ必然的に「帝国主義」ということになるでしょう。

さて、20世紀の初頭は文字通り帝国主義の時代でした。日本は、明治以降の悲願というべき国際社会における一等国へと上りつめたという過剰な自負と、迫りくる英米との軋轢の予感におののいていました。近代日本の即席の成功が、同時に浅薄な西洋化をもたらしたという矛盾がいっきに爆発しようとしていたのです。

その矛盾を糊塗するために、ことさら「日本的精神」が唱えられ、しかもこの「日本的精神」は、国力増強という国家主義と結びついたものでした。万世一系の天皇が持ち出され、教育勅語に示されるような道徳観が公式化され、忠義や忠君が謳われ、これらの「日本的精神」をもたない者は非国民ということにされてしまったのです。

対中戦争が泥沼化する1938年、西田幾多郎は京都大学で「日本文化の問題」と題する講演を行い、1940年にそれをもとに同名の本を岩波新書として出版します。これは西洋文化に対して、日本文化の本質を説くというものですが、また同時に、西田の意図は、当時声高に叫ばれる日本主義や国家主義に対する抵抗の意味をもっていた。いわば本当の意味での「日本文化」の根源を提示しようとしたのでした。

西田の日本文化論をナショナリズムというような近代的な西洋政治学の言葉で特徴づけることはほとんど意味がありません。西洋哲学を徹底して摂取したあげくに、そのより根底にあるものを日本思想に見出したのが西田哲学ですから、その日本文化論が、西洋的なものとの対決や衝突を意図することはありえないのです。西田は、日本文化はもっと奥深いものを秘めているといいたかったのでしょう。それをわれわれは自覚すべきだ、この自覚こそが世界において日本の果たすべき役割を示すことになるであろう、というのです。

だから彼はいいます。今日、イギリスの商業発展のおかげで経済的な相互依存がかつてなく世界的な規模まで広がり、そうなるとどの国も一国だけではやってゆけない。確かに「一つの世界」が形成された。それぞれの国が孤立している間は国家主義など必要ないのだが、世界が相互依存した今日の世界でこそ、各国は意図して国家主義にならなければならない。しかしまたそれは孤立して自国の独自性・特殊性を唱えるものであってはならない。世界形成に参画するような世界性をもったものでなければならない。「日本文化は世界的にならねばならぬ」というわけです。

そしてここには実は大変に大きなしかも深刻な矛盾が含まれていました。そのことは後述しますが、さしあたり西田が次のように述べていることに注意しておいてください。

今日、科学の発展による機械工業の勃興と資本主義の発展によって世界は一つになった。しかし、このような機械工業や経済システムが世界を一つにするということは、それを動かす主体が世界を支配することを意味している。それは一つの国家が主体として世界を支配することであり、帝国主義である。この時、一つの国が大国で強国なら一時的に平和は保たれるかもしれないが、それは他の国を奴隷化することだ。これは人間を堕落させることであり、また戦争を引き起こすだろう、と西田はいう。

妙にこの21世紀のグローバリズムの時代を予感させる議論ではないでしょうか。80年前よりもはるかにわれわれは、ITを含む機械技術と市場経済によって画一的で単一の世界へと編入されてしまいました。それを支配するのはこの技術と市場経済を制覇するもので、現下ではアメリカが覇権をもっているのです。また、だからこそ、技術と市場をめぐる覇権競争が生じているのです。

日本文化の核心とは

これは、「多なるものの一」という西田の「矛盾的自己同一」の世界ではなく、その矛盾した多様なものを無理やりに一つに押し込めた世界であり、実は、西洋的な「主体化」の論理がそれを生みだしたのでした。一つの主体が他を否定することで、技術や市場が生み出す画一的な「環境的世界」ができあがるのです。

西田の『日本文化の問題』は、例によって、独自の用語で埋めつくされた西田ワールドとなっており、通常、「日本文化論」でイメージするようなものではまったくありません。ここで西田が強調していることは、日本文化の核心とは、己を空しくし、無私や無我にたって事物に当たる精神だというのです。己を無にして「物となって見、物となって行う」ということです。私心も作為も意図も排し、ただ現実に向き合い、あたかも自己を一個の物であるかのように、己を現実に差出し、やるべき働きを行う。ということです。このような無私で無償の働きがまた歴史を創り出す、というのです。たとえば次のようにいう。

「私は日本文化の特色と云うのは……何処までも自己自身を否定して物となる、物となって見、物となって行うと云うにあるのではないかと思う。己を空うして物を見る、自己が物の中に没する、無心とか自然法爾とか云うことが、我々日本人の強い憧憬の境地であると思う。……日本精神の真髄は、物に於て、事に於て一となると云うことでなければならない」

自己を否定し、私を排し、無心になって、対象と自己を一体にする。自分自身が物となる、こうしたことは芸術活動などを考えればわかりやすいことだし、あるいは、一幅の絵を見、茶碗をめで、桜に感動するといったいかにも日本的な美的な文化を取りだせばよくわかることでしょう。

しかし西田は、それこそがあらゆる局面で事にあたる日本的な精神の真髄だというのです。われわれは、今ここにあって、ある歴史的世界に生きています。これは歴史的現実であって、われわれは、いくら「私はあれをやりたい、こういう風に生きたい」といっても、いずれこの歴史的現実から逃れ出ることはできない。

そして、歴史というものは、一人ひとりの人間の意志や作為を超えたところで動いていってしまうのです。それは人間の生み出した活動の所産であると同時に、多様な活動があたかも物の動きのごとくして創りだされた一つの統一なのです。人間の活動も物として外化されるのです。だからこの歴史的現実とは「無数なる物の合成として決定せられた一つの形と考えられる」。そしてこの現実世界は「無数なる物と物との過去無限からの相互限定によって、即ち相働くことによって決定せられたものでなければならない」。それを西田は「多と一との矛盾的自己同一」という。

だから、歴史には目的も法則もありません。あるいは、人間が何らかの明快な意図をもって設計図でも書いて未来を選び取るようなことはできません。歴史を人間の自由や幸福の無限拡大であり、自由とその敵対者との戦いとして描いたヘーゲルや今日のアメリカのような歴史観など想定すべくもありません。それはあくまで千年王国を夢想したユダヤ・キリスト教的歴史観であり、せいぜい、それを世俗化して神の座に「人間」を代理させた近代ヒューマニズムの歴史観（物語）に過ぎません。

歴史にはあらかじめ決まった設計図も目的もない。あるのはただ、多様な物となって相互に作用する人間の様々な活動の集積だけです。それがまた次の人間の活動を生みだし、それがいわば物となって諸力が合成されて次の動きを生みだすだけなのです。近年の社会科学の学術用語でいえば、一種の「自生的秩序」もしくは「自己組織系」というべきものであり、つまりは「自己生成的歴史」とでもいえばよいでしょう。

重要なのは、西田がそれを「日本的精神」と結びつけた点にあります。

確かに、日本の歴史観の基調になるのは、生々流転の観念であり、「次々となりゆく勢い」といったものです。特別な意味も理由もなく生成し転変してゆくのです。しかしそのことを、われわれはどこか宿命と受け取る。歴史は「無意味」だと知りつつ、その無意味さをこそ意味として受け取るのです。宿命の内部には壮大な空洞が広がっている。そこには「無」しかありません。しかし、歴史的現実のなかに投ぜられたわれわれは、歴史を宿命として受け取るほかないのです。こういう感覚が日本文化にはあった。

しかしまた、そのことを知れば、われわれは我や私を捨てて、歴史的現実のなかでやるべき役割を果たす、ということにもなる。宿命はささやかな使命にもなるのです。特に、戦前のような国家間の軋轢が危機をもたらしつつある状況では、帝国主義という時代の宿命のなかで日本が果たすべき歴史的使命が問われる、ということにもなりました。それを諸個人も引き受ける以外にないのです。

それを超えて、つまり時代状況を超えて、一般的に人間の自由や幸福や善などというものはどこにもない。普遍的な善などというものはない。あるのは、ただ今ここで生まれて死んでゆくことだけです。「我々が此処に生れ、此処に働き、此処に死に行く、この歴史的現実の世界」と西田はいう。「我々は此の世界から生れ、此処に死に行くのである」ともいう。それしかないのです。「そこから、そこへ」というのです。

人は、ただ、この現実世界に生まれ、働き、死ぬだけです。だからこそ、今ここでこの世における一期一会に命を燃やし、我執や私欲を捨て去ろうとする。すでにわれわれは歴史的現実に参与しているのです。それは我執も私欲も超えたところで動いている。そのことを知らねばならない。

だから無私、無我、無心になって「物となって行う」、そのことそのものが世界への働きかけになり、それがまた次の作用となって歴史を生みだすのです。われわれにできるのは、それだけのことでしょう。しかしそれはたいへんな決断を要する容易ならざることでもあるのです。「ただ此処に生まれ、働き、此処に死ぬ」というのは覚悟のいることなのです。

「今ここに」

とはいえ、それで「無」になればいったい何がでてくるというのでしょうか。ただの状況追認ではないのでしょうか。今ここであるがままの状況をそのまま受け取るだけではないのでしょうか。何も創造することなどできないのではないでしょうか。

そうではありません。それは、「今ここに」のうちに、すべての過去と未来が含まれているからです。「今ここに」は、過去を記憶から消し、先のことなど何も考えない目の前の現実というだけではありません。ただ空間的に広がった現実というだけではない。「今」のうちに、実は「今」を成り立たせているすべての過去が埋め込まれており、将来が予定されています。そして「今」は次の瞬間には過去となり、将来が目の前にくる。

いいかえれば、「今」とは、過去と将来をつなぐものとなっているのです。だから、確かに「今」しかないのですが、それは「永遠の今」ということになる。そこに過去から将来へと流れるすべての時間が包摂されているはずなのです。そこで、将来へ向けて過去を今ここで取り戻すことが必要になる。そしてそれこそが「伝統」にほかならないのです。だからまた「伝統」とは、ただ過去の保守ではなく、今ここでの世界性をもっていなくてはならないことになる。

西田は「伝統」と題する小論（1945年）のなかで次のようなことを書いています。われわれが伝統において働くということは、ただ過去に従うということでもなければ、種族的なものに従うことでもなく、自己が、過去未来にわたるすべてを自己に映す（つまり、自己において表現する）ことであり、そうすることで自覚的に歴史的世界の形成要素となる、ということなのだ、と。それは、自己が歴史的、時間的存在であることの自覚に立って、歴史的現実に働きかける「触媒」になるものだ、というのです。

「伝統とは受け継がれるものではなくして努力して得られるものである」というT・S・エリオットの言葉を西田は引いていますが、伝統は、まさしく「今ここで」の内に見出される現実なのです。エリオットの言葉を西田的にいえば「永遠の今の自己限定として物を創造し行くのが伝統である」（『日本文化の問題』）ということになる。創造的なるものは、常に歴史的であり、それは過去をよりどころにし、またそれを変化させるることで生み出されるのです。そこに人間の自由がある、と西田はいう。だから「大いなる伝統のみ大いなる創造を生むことができる」というのです。

ところで、では西田が見出した日本の伝統とは何だったのでしょうか。

日本文化の根底にあるものは、本書でも繰り返し述べてきた「無の場所」であり、「絶対無」だったのです。西洋が「神」という絶対者を見たところに、日本は「無」という絶対者を見た。仏教哲学の「無我」や、大乗仏教の「絶対無」の観念が日本文化の核を作っているというのです。自己の底に徹することで自己を否定し、その無の場所においてて客観的な世界を見出したのが日本の精神だった。

それは、どこまでも主体を超越的なものとして残しておいて、そこから理性によって現実の事物の世界を分析し、手を加えようとする西洋の論理とはまったく違っている。日本精神は、自己の心のうちを徹底して覗き込み、無にゆきつき、それが実は現実の実相だと知る方向へと向かったのです。だから西田は、西洋の論理は「物の論理」であり、日本の論理は「心の論理」だという。西洋では、物を生みだしそれを分析する超越的な主体は手つかずのままおいてある。日本の論理は、その主体を無化してしまう、そして、無化することで歴史的現実へ実践的に参与するのです。

そして、こうした「無我」「無私」「無心」の日本文化の象徴はといえば、これは皇室なのでした。したがってせんじつめれば、日本文化の根源的な象徴は皇室以外にありえないのです。それは自己が物のなかに没し、物となってゆくところに現れるのです。そこでは「物はすべて公の物であり、事はすべて公の事である、世界としての皇室の物であり事である」ということになる。

なぜなら、ここではもはや私心も私欲も我も没しているからです。無私であり、清明であり、誠である。「神ながら」といってもよいでしょう。皇室とは、このような日本的精神の象徴だったのです。それは我欲や私利へと傾く「主体」を無化し、脱主体化する精神だった。自らを主体として立ちあげない、ことあげしないで、すべてを包み込むものなのです。まさに「おもてなし」でしょう。いってみれば、皇室に示される「おもてなし」を世界化しようというのです。

しかし時代はまさしく弱肉強食の帝国主義でした。西田哲学の悲劇は、この時代状況との遭遇にあったといわねばなりません。西田は皇室を主体化してはならない、という。しかし日本が世界的使命を果たすならば、それを主体化する以外の何があったのでしょうか。ここに根底的な矛盾がありました。「無私」「無心」「自然法爾」などという日本精神は、敗北するほかないのです。

西田は日本の敗北を予想していました。戦力で負けるのは当然なのです。しかし、本当に重要なのは文化であり、精神です。そこで負ければどうにもならないのです。死の少し前に弟子の高坂正顕にあてた書簡を引用しておきましょう。

「（我が国が）現今の困難に陥ったのも一に我が国民及び政治家に深い思想がなかったからと存じます。……道義、文化に基礎を置かずして永遠の国家発展はあり得ないと思うのです。一時の時勢のために迷わされてかかる根本的思想を誤ってはならないと思います。表面は武力によってと思われても、古来唯武力のみにて起こった国はないのです。必ずやその根底には道義と文化があったのです。唯武力のみに自信を持つ国は、一旦武力的に不利ならば国民は全く国民的自信を失って失望落胆、如何なる状態に陥るか、実に寒心の至りに堪えないのです。これに反し高い立場を何処までも失うことさえなければ一時は万一国家不運の時あるも、必ず再起、大いに発展の時が来ると思います。道義、文化の立場に於いて真に東洋に大なる使命を有って居るのではないですか。本当の日本はこれからと存じます」（１９４５年４月８日）

第九章　大東亜戦争と西田哲学

「思想の戦い」

西田哲学と京都学派といえばすぐに戦争責任が問題とされます。今でも彼らを大東亜戦争のイデオローグとして非難する人は結構います。京都学派があの戦争イデオロギーであり、また東亜共栄圏の思想的基礎を与えたとされる最大の「証拠」は、後に『世界史的立場と日本』としてまとめられることになる三回にわたる座談会でした。

これは西田の弟子であり、京都帝国大学の４名の哲学者や歴史学者たちによる座談会で、雑誌「中央公論」に発表されました。掲載は１９４２年１月号、同４月号、43年１月号ですが、実際の座談会は少し前に行われており、初回はまだ開戦前でした。後二者はすでに戦争遂行という事態のなかにあり、当然ながら後になればなるほどイケイケドンドン式になってきますが、最初のものなどは、別に戦争イデオロギーでも何でもありません。西洋文明の行き詰まりをしごくまっとうに論じているのです。

もうひとつの「証拠」は、1942年9月号と10月号に雑誌の「文學界」に発表された13名の知識人による大討論会で、これは亀井勝一郎、林房雄、小林秀雄、河上徹太郎、三好達治などの文学者による共同討論ですが、ここにやはり西田の弟子の西谷啓治、鈴木成高、下村寅太郎が参加しています。

これは超豪華メンバーによる、しかもその総括的タイトルが「近代の超克」と名付けられたシンポジウムで、戦争イデオロギーの代名詞のようにいわれてきました。しかし実際にはあまりまとまりもなく、戦後これを批判した竹内好も述べているように、大東亜戦争のイデオロギーならりっぱなもので、それほど内容のあるものではありません。参加者が個性の強い「大物」すぎて、議論が収斂《しゅうれん》しないのです。

それはともかく、京都学派についていえば、それを戦争イデオロギーとして断罪するよりも、彼らがいったい何を問題としようとしたのか、そのことを理解する方がはるかに重要なことでしょう。明治以降の近代日本が行き着いた極限で、彼らが何を考えたのか。それを知ることは今日のわれわれにも無縁なことではないのです。しかも、その背後には、日本発の唯一の哲学とされる西田哲学が控えているのです。

西田の弟子たちにとっては、大東亜戦争を、西洋思想に対抗する一種の思想戦とみる、ということこそがこの戦争の意味でした。個人主義や自由主義や資本主義や合理主義からなる西洋近代思想が世界を席巻し力の対決へと陥った状況で、これを超える思想を日本や東洋に求める、という思想の戦いだとしたのです。

19世紀になり西洋が植民地の争奪戦のあげくにアジアやアフリカに進出してきた。ここに初めて世界はつながり、いわばグローバル化がいっきに進展したのです。それまでの歴史は、世界史などといっても実際には西洋史であり、歴史の観念をもつのは西洋だけだった。しかし、帝国主義の時代となり、西洋の進出とともに、アジアや中近東では民族的自覚がうごめきだし、インドをはじめ独立運動もでてくる。トルコやらイスラム圏もそれぞれ民族的自覚をもつようになる。こうなって初めて真の意味での「世界史」が成立する。多様な文明が交錯して世界史を生みだします。今日のいい方をすれば、グローバル化のなかで、いわば「文明の衝突」もしくは「文明の交錯」が生じたのです。

この固有の意味での「世界史」の時代には、もはや、受動的に時の流れに身を任せているわけにはいきません。積極的に、それぞれの国の立場にもとづいて世界に働きかけ、世界形成の役割を担ってゆかなければなりません。ここにそれぞれの国の「世界史的使命」がでてくる、というのです。

日本には日本の「世界史的立場」がある。しかも、日本の場合には、とりわけその意味は絶大だった。なぜなら、日本はアジアに位置しながら西洋化をはかり、近代化に成功した唯一の国だったからです。西洋近代が行き詰まるということは、日本においては決して他人事ではない。それは日本のことでもあったのです。

同時に日本は、東洋にあり、「日本的なもの」の核には、インドや中国、イスラムなどの東洋の精神が奥深く根付いている。だから、「日本的なもの」の自覚こそが西洋近代の行き詰まりを乗り越える新たな世界形成に資するであろう。ここにいわば世界史のなかでの日本の特権的な役割がある。これが彼らの考えでした。大東亜戦争を「思想の戦い」としてみる、というのはそういうことでした。

もちろん、京都学派の連中は都合のよい空論を弄しただけで現実をみていない、という批判はあるでしょう。現実の戦争はまったく違うじゃないか、日本も力でもってアジアを侵略し、帝国主義の仲間入りをしたではないか。日米開戦も、資源をめぐる力の戦いそのものではないか、という非難もあるでしょう。

それはその通りです。そのように見ることもできます。しかしそれだけだと何をいったことにもなりません。ただ日本は帝国主義下において力で負けたというだけのことです。また、1928年の不戦条約に違反して侵略戦争を起こして悪かった、というだけです。それはひとつの見方ですが、それだけのことです。そこに思想的な意義は何もありません。

私が気になるのは、どのような意味で彼らはあの戦争を思想戦とみようとしたかであり、それが西田哲学とどう結びついていたのか、ということなのです。

西田は、あの戦争に賛同したわけではありません。真珠湾攻撃のとき、彼は病院に長期入院をしており、事態を知ったのは攻撃の少し後でした。それを知らせた友人は、西田は悲痛な面持ちで無言だった、といっています。戦争の敗北は彼にはほぼ明白なことだった。力の差は明白でした。だが、敗北するからこそ、この戦争における日本の道義を明らかにしなければならないというのです。

では、その道義は西田にとってどのように考えられたのでしょう。

まったく特異な国体観

西田が、時局を意識しつつ書いたものとしては、まずは前章でも取り上げた『日本文化の問題』があります。これは1938年に京都大学で行った連続講演をもとに194

0年に岩波新書として出版されました。また、西田は軍から講演を依頼されたり、文部省から話を頼まれたりします。そのなかで彼は、1941年に「国家理由の問題」を書き、また1944年には「国体」と題する論文を書いています。特に後者は、西田本人の意志というより、「あまりにいろいろな人がきて私に国体というものを書けと云いますから、先日一寸書いて見ました」(和辻哲郎宛の書簡)というものでした。

もっとも当初、西田はそれを発表せず没却しようとしていました。それは、当時の日本主義や皇国主義などとはまったく異なった国体観だったからで、だからむしろ、大日本言論報国会や右翼からの攻撃を恐れたのです。結局、彼は、「真に国家のことを思い思想的に我が国家を明かにしたいと思ふ人々」に向けて、これを「哲学研究」という専門的な雑誌に発表するのです。

さらにもっと時局的なものとしては、「世界新秩序の原理」と題するものがあります。これは1943年に軍に関連した国策研究会で報告したものを、東条英機の議会演説で使用したいといわれ、平易に手直ししたものです。もっとも、東条の演説には西田の意向はまったく反映されていなかったようですが。

これらの時局的な論文で西田が一貫して強調しているのは、この「世界史」の時代には、各国がそれぞれ独自の立場にたちながら世界に関与し、それぞれの役割を果たさなければならない、ということです。「各国家は各自世界的使命を自覚することによって一つの世界史的世界即ち世界的世界を構成せなければならない。これが今日の歴史的課題である」(「世界新秩序の原理」)というのです。

確かに、論文の核心部分がこの調子では東条英機の演説になど使われるはずはないでしょう。いくら平易にしたといってもこの調子です。

彼はこういっているのです。世界という舞台で、それぞれの国家が自国の権益を求めて力と力をぶつける時、世界は激烈な闘争に陥らざるを得ない。これが帝国主義である。しかし今日、その次の課題が求められている。科学、技術、経済の高度な相互連携の結果、各国民族は緊密なひとつの世界空間に入った。この世界において、力と力の衝突を避けるには、各国がそれぞれの世界史的使命を自覚し、それぞれに即し、しかも自己を超えて、一つの世界を構成するほかない、と。

これは通常いう民族主義ではない。各民族が、その独自性を唱えるだけではだめで、また世界性をもたなければならないのです。つまり、各国の世界史的な使命は、同時に他の国の承認をえ、また他国の独自性も承認するものであり、歴史的な意義をもったものでなければならないのです。決して独善的であってはならないのです。これが西田が繰り返し述べた「多にして一の世界」であり、「矛盾的自己同一の世界」だったのです。

確かに「無の哲学」を唱えていた頃の西田とはかなり異なった趣があります。西田のようにまったく途切れることなく継続的に思索を続けてきた人の足跡を、あまり簡単に区分することは適切ではないのですが、無理にいえば、初期の「純粋経験」から始まって中期で完成をみた「絶対無の場所」や「無の思想」は、後期になると色を薄めます。むしろ、具体的な歴史的世界をいかに理解するか、そのなかでの実践をどう論理化するか、といった実践的関心が優勢になってきます。抽象的で一般的なものへ一度は沈潜したあげくにふたたび具体的現実へと関心が戻ってきた感があります。

ここには、「絶対無」の観念を批判した田辺元への対抗意識があったともいえるでしょう。田辺は西田が自分の後継者として京都帝国大学へ招聘した哲学者ですが、ある時期から西田への強い批判を展開するようになりました。そのことを西田はずいぶん気にしていたようです。また、ここにはマルクス主義の影響も見てとれます。さらに端的に、戦争へと傾斜してゆく時代の切迫感から無縁に過ごすこともできなかったのでしょう。

いずれにせよ、ここで西田は、各民族が世界史のなかで果たすべき固有の歴史的使命を強調するようになります。この使命こそが歴史の創造的主体だというのです。論文「国家理由の問題」のなかで次のように述べています。

真に国家となるということはどういうことか。それは歴史的世界のなかで、価値創造の力となり、「歴史的世界創造の主体」となることだ。それはある民族的国家が歴史を動かすひとつの中心になることであり、それこそが「主権」ということにほかならない。こういうのです。

ある国家は主権国家として、歴史に積極的にかかわる「ひとつの中心」になるのです。別の国家は、その独自性に即してまた別の中心を形作るのです。こうして多数の中心（主権国家）が重なり合い、相互作用を起こしながら歴史的世界が形成される、という。

そして、この時に、実は、当の国家自身も世界状況によって形成されてくるのです。最初から固定した国家というものがあるわけではありません。ひとつの国家の歴史的役割など最初から決まっているわけではありません。国家は、常にその歴史的使命を自覚し、世界へ働きかけることでそれが歴史を動かし、また逆に国家の歴史的役割は変化する。そのことをたえず自覚して世界に創造的に関与しようとするというダイナミックな過程でこそ真の国家が生み出されてゆく。それが「主権国家」だというのです。

何か特別に奇妙なことをいっているわけではないでしょう。国家の主体的な意志（それが「主権」です）は常に、歴史的な現実の世界のなかで決まってくるという。また同時に、歴史は、それらの国家の意志の相互作用によって動かされるという。しごく当然のことでしょう。その世界史の創造的役割を見誤らずに引き受けてゆくところに「歴史的生命」としての国家が形成されてゆく。国家もたえず自分自身を形成してゆく一種の生命体のようなものとなるのです。こうして多数の国家（あるいは民族）が、相互に対立したり影響を与えあって自己生成することによって「歴史的世界」が形成される。「歴史的世界の自己形成」と呼ばれるものです。

ここでは、主権国家が多様に個性化する運動と、歴史的世界がひとつになって自らを生成してゆく運動、このふたつが同時に生じている。二重の運動が同時に生じる。あるいはコインの裏表のような同一現象の二つの側面というべきでしょう。それが「多にして一」の世界であり、「矛盾的自己同一」の世界でした。

こうして、西田は、現実の歴史的世界へ戻ってくるのですが、ここでは、歴史的使命といった創造的な契機が強くうちだされてきます。

確かにそれだけをとりだせば、たとえば日本はその独自性を打ち出して、世界史の中心に躍り出、歴史的創造の役割を果たさなければならない、というような勇ましい掛け声にも聞こえます。「中央公論」の「世界史的立場と日本」においても、そういう意味合いが見受けられる。

しかし西田が述べていることは必ずしもそういうことではありません。しかも、その背後には独特の歴史哲学があり、その必然的な帰結というべきだったのです。

「ポイエシス」とは何か

西田はよく次のようない い方をします。「歴史的世界の自己形成に於ては、主体が環境を限定し環境が主体を限定する、人間が環境を作り環境が人間を作る」（『日本文化の問題』）。また「作られたものから作るものへ」といったいい方も頻繁にでてきます。

どういうことなのでしょうか。

われわれは、決してこの歴史的に動く世界の外にでることはできません。「我々は此の世界から生れ、此処に死に行く」のです。ではこの歴史的世界は何か神秘的な力か、神の巧知か、われわれの知り得ない歴史法則のようなものによって組み立てられているのか、というとそんなことはありません。とすれば、この歴史的世界を組み立てるもののは何かといえば、われわれの行為以外にないのです。しかし、主観的にいえば、われわれは決して意のままに自由に行為しているわけではない。常に世界を環境として受け止めているのです。だとすると次のように考えるほかありません。

われわれの行為が様々な「もの」を生みだす。この「もの」は、近代的な技術や制度や機構となり、またわれわれの生活を組み立てている多様なアイテムにもなる。これらはすべてわれわれの活動の所産なのです。これらが世界を構成する「もの」となり、われわれの行為の前提となる環境を形作るのです。そして、この環境に即してわれわれの意志も働き、活動もうみだされてゆく。ある活動を意志し選択をする「主体」などというものは、実は環境によって動かされているのです。それを西田は「主体が環境を作り、環境が主体を作る」という。あるいは「作られたものから作るものへ」という。

この「もの」を生みだし、環境を作り出す行為は西田によって「ポイエシス（制作）」と呼ばれました。だから、歴史的世界のなかにおける人間の活動は常に「ポイエシス」にほかならないのです。われわれは様々な「もの」を作り出し、それを自らの外に外化し、いわば客観的な世界を作り出します。といっても、この「ポイエシス」には、何か設計図があるわけではありません。理性の力や神の巧知に導かれた目的といった意図的な働きではないのです。だから、何か合目的的に歴史的世界が制作されるなどということはありえない。それは、行為する主体に即していえば（以前にも述べたように）「行為的直観」というべきものなのです。人は、環境に動かされて特に明確な意図も設計図もなく行為する。本当をいえばここに明確な「私」という主体もない。ただ身体的に行為することで世界へ働きかけるだけのことで、そのとき行為することによって世界を認識する。それを「行為的直観」という。人は、行為的直観的に制作を行うことで、歴史的世界の形成へと自動的に参加することになるのです。しかもその時、世界の方は、あたかも「自己形成」するように自動的に動いてゆく。

一般的にいえばそういうことなのですが、大事なことに、この時、このような世界の創造的な力点であることを自ら深く自覚することで、われわれはかけがえのない個性をもった「個物」となる、と西田はいうのです。

個性をもった「私」という「個物」は、ただ生まれてそのままで「私」でもなければ「個性的」でもありません。人は生まれたままで個性的なのではない。それは「ポイエシス（制作）」においてこの世界へ働きかけ、創造的力点となることによって初めて「私」となる。つまり、世界のなかでの私の役割や使命を自覚して初めて「私」になるのです。それはまた、「私」が世界によって生み出されるということでもあるのです。

あまり話を砕《くだ》いてしまっては身もふたもないのですが、こういうことはわれわれの日常でもよく起こることでしょう。何人か人が集まってサークルができれば、このサークル＝「世界」にあって人は、それぞれのキャラクターに応じてそれぞれの役割を果たして、サークルとしてうまく動いてゆくでしょう。この時、人は自分のキャラクターなど本当はわかりません。サークル（世界）の全体を見渡し、一度、自分をカッコにくくって、この「世界」を自らの内に取り入れ、ほとんど無意識的な行動のなかから、自分の立ち位置や役割を把握してくるのです。ここで初めて、具体的に顔を持ち、個性ももった人格になるのです。

こうしてわれわれは、自己の内に「世界」をもつことになる。もちろんこの「世界」には、他者も含まれている。そのようなものとしての「世界」を自己の内にもってようやく「個性的」となる。世界との関わりのなかで自分が何者であるかを自覚するわけです。いわば、われわれの自己は世界を映すと同時に世界に映されているのです。そのことを西田は次のように書いています。

「我々は我々の自己の底に、深く反省すればする程、創造的世界の創造的力点となると云う所に、我々の真の自己があるのであり、我々の自己が、かかる意味に於いて個物的となればなる程、真の自己となると云うことができる」（「国家理由の問題」）

「深く反省する」というのは、自己の世界的な使命を深く自覚するということでしょう。自己の底をのぞき、「私」を殺し、「無」になって、いわば「物となって行う」。その時、自己の使命が自覚されてくる、というのです。しかもそれは、実は、一種の「絶対的なもの」に触れることだ、と西田はいう。これはどういうことなのでしょう。

根本に「誠」

われわれが歴史的な使命を自覚して世界へと創造的に働きかけるには、「物となって行う」というように、いったん「私」を否定しなければなりません。「個物」として「個性的」であるには、自己を否定せねばならないのです。だからこの時、自己自身を表現する、つまり歴史的使命を与えるものは、もはや「私」ではありません。私の意図した選択などというものはここにはないのです。それは「私」を超えたものなのです。

その時に、この「私を超えたもの」を歴史法則や超越的な理性などといってしまうと、また「個性」などは吹き飛んでしまいます。それではただ理性や歴史の法則に縛られ従っているだけです。とすれば、ここで「私」に世界創造的な行為を促すものは何か。それは「絶対的なもの」と感取される何ものかというほかない。「絶対的なもの」に触れたという感じだけが、歴史的使命を自覚させるのです。この時、初めて本当の個性が生みだされる。「絶対的なもの」に触れることだけが「個性」を生みだすのです。

だから、真に個性的に行為をするとは「いつも我々の自己に生か死かの二者択一を迫るものである」ということになる。もちろん、ここでいう「生か死か」は、生物的な意味での生死ではありません。個性をもった人格（個物）としての自己の精神的な生と死をいっているのです。「私」が欲望のままに好きに選択する、などといっては「私」は死んでしまう。また、合理的な理性や歴史法則に従う、などといってもまた「私」は死んでしまう。「私」を生かすものは、「絶対的なもの」に触れたかのように、「物となって行う」ということなのです。

さてそうなると、ここでこの「絶対的なもの」とは、実は、あの「絶対無」といってもよいのではないでしょうか。

もしも、西洋のように絶対的な「神」をもちだせば、またすべてを神に委ねてしまうことになります。絶対的な理性にすべてを委ねるのと同じことです。だから、ここにでてくる「絶対」は「無」であるほかないでしょう。「絶対的な無」が、いわば「絶対的な意志」であるかのように内なる声として響いてくるという。

「絶対的な無にして而もすべてを成立せしめるもの……それは絶対意志というものでなければならない」、そして「個物は……絶対無の媒介によって個物であるといってよい」のであり、「人格は絶対無の自己限定として、絶対意志によって呼び起こされるのである」、このように西田はいうのです（「国家理由の問題」）。

何やら、また例の西田ワールドで煙に巻かれそうな気配です。しかし、ここでいいたいことはそれほど難しいことではありません。少し無理な簡略化を承知でいえば、われわれが自らの個性をもって、「私」固有の存在をかけて歴史や世界に働きかけるには、無私、無我、無心になってわれわれの心の底でわれわれに呼び掛ける声を聞くほかない。歴史的使命はそこから生み出されるほかないのです。その時に、無私のなかから聞こえる声は、いわば「絶対意志」の呼びかけのように聞こえる。

そこで行為ははじめて道徳的で道義的なものと意識されるのです。また、そのとき初めて歴史的世界が自ずから生成してゆく、というのです。

「物となって行う」といいました。それは「誠」である、と西田はいいます。「私は東洋道徳の根本は誠にあると思う。至誠とか純一とか云うことにあるのである。……客観的にはそれが私の所謂物になると云うことである」という。「至誠に於いては一歩一歩が絶対である。我々は至誠に於いていつも絶対に触れている」という（「ポイエシスとプラクシス」）。

さて、こうなると、例の大東亜戦争イデオロギーと名指しされた民族国家の世界史的使命、という京都学派の思想が、いかに西田幾多郎の歴史哲学をよりどころとしているかはあきらかでしょう。ここで、「個性的な自己」といっているものを、歴史的世界における民族や国家に置き換えれば同じ論理がでてくるからです。民族がひとつの国家として独自の個性をもつには、歴史的使命をもつほかない。ここに「国体」というものの自覚がでてくるのです。

それは、自己の底に世界を映し出し、世界に於いて自己を生かすことで、その意味では、決して自民族中心主義でもなければ独善的ナショナリズムでもありません。歴史的使命をもつとは、世界の創造的要素となる、ということです。「民族がかく個性的となると云うことは、それが歴史的形成的であり、歴史的使命を担うと云うことでなければならない。国体とはかかる国家の『個性』である」ということになるのです（「国体」）。

こうした西田の歴史哲学は、あの苛烈で混沌とした力と力の対決の時代にはほとんど現実性をもちませんでした。あるいはその表層の言葉だけをすくいあげられて、日本の「世界史的使命」だとか「歴史の創造的主体」だといった観念だけが独り歩きしました。その意味では、京都学派の試みは、明らかに失敗したのです。戦争イデオロギーとして失敗したのではありません。帝国主義的な力の対決という歴史的現実を変えることに失敗したのです。状況を変えることができなかったのです。

西田がやろうとしたことは、「日本的な思想」を内蔵した「日本」という独自の個性をもって、世界の創造的力点としようということでした。しかしそれはまた、当時の歴史状況のなかで歴史に動かされながら作用する外ないものでした。すでに、戦争へ向けて駆動する歴史の威力に抗することはできなかったのです。何よりも、日本人自身が西田の意図をほぼ理解できなかったといわねばなりません。とはいえ、彼が「思想」というもろくもあやうい営みだけを頼りに悲惨な戦いを挑んだということだけは記憶されるべきことでしょう。

第十章　絶筆「私の論理について」

「生きている」と「死んでいる」

西田幾多郎の絶筆は「私の論理について」というもので、死の数週間ほど前に書き始められたものです。残された文章は原稿用紙でほんの数枚にもみたないものでした。

この絶筆で彼は次のようなことをいっています。私は私なりの論理によって自然科学や道徳、宗教などの根底にある問題を考えようとした。しかし私の論理はまったく理解されない。学界からは一顧だにされず、反応はあっても大半は異なった立場からの無理解な批評にすぎない。私は、従来の論理によっては考えられなかった問題を考えようとしている。論理とはひとつに決まったものではなく、思惟の本質からでてくるものである、と。

西田が自己の論理をどのように理解し、われわれの前に提示しようとしていたのかは残念ながらわかりません。しかし少なくとも、彼が、彼の論理を、われわれが通常考える論理とは異なったものと見ていたことは間違いありません。それは彼の思惟の仕方が独特のものだったからです。あるいは、西田が解明しようとした問題が通常のものとは大きく異なっていた、ということなのです。

論理とは何かを哲学的に議論しだすとかなりやっかいなのですが、われわれが普通「論理的な考え」といった時には、普遍的な規則にしたがった合理的推論を考えます。一定の前提のもとで命題が定立され、一定のやり方で推論として展開される。その場合、通常、同一律や排中律が前提となっています。前者は「AはAである」というもの。後者は「ある文章Pは真であるか偽であるかのどちらかである」というものです。「この花はバラである」といえば、「この花」と「バラ」は同一であって、同時にそれが「アジサイ」でもある、ということはありえないのです。われわれは当然そう思っている。そのように「バラ」や「アジサイ」も定義されるのです。

こうした論理は典型的にいえば西洋のもので、アリストテレスあたりからでてくるものでした。確かに「この馬は生きている」といえば生きているのであって、「この馬は死んでいる」とは全く両立しません。アリストテレスから始まろうが、誰から始まろうが関係ありません。普遍的論理であって、現代日本のわれわれもそう考えています。

しかし本当にそうなのでしょうか。本当に両立しないのでしょうか。

では次の命題を考えてみてください。「私は生きている」という命題です。これに対立する命題は何でしょうか。「私は死んでいる」。しかし、この命題は成立するのでしょうか。「私は死んでいる」ということは可能なのでしょうか。経験的にはこれはありえない。形式論理としてはこの対立命題は可能かもしれませんが、思惟としてはありえないのです。

とすると、「この馬は生きている／この馬は死んでいる」という対立命題を成り立たせている前提がここに露わになってきます。この言明の背後には実は、この言明を述べている人がいる。そしてこの人物は、馬を対象としていわば外から眺め、この対象＝馬について分析している。実際、この馬が本当に生きているのか死んでいるのかを知るには、解剖でもして、さらに「生」と「死」の境界をどこかに定め、この定義に合わせて解剖結果を分析することになるのでしょう。そうしなければ、この対立命題は、実際のところ意味をもちません。

これは、今日われわれが科学的態度や科学的思惟と呼んでいる通常の論理です。対象を見ている主体があり、その主体から切り離された対象があり、主体がその対象を観察し分析することで生み出される。「生」も「死」も、その当事者ではなく、それを観察する主体（科学者）がその基準を決めているのです。

ところが、「私は生きている／私は死んでいる」という対命題は、対としては意味をもたないのです。まさか「オラは死んじまっただ……」などと歌うわけにはいきません。ここでは主体と対象が一体化しているのです。分離して、外から対象を観察するわけにはいかないのです。私が、呼吸をし、行動し、云々ということがある。「私」にとってはそれだけがある。「生きている」というような行為があるのではありません。呼吸も含めてただ身体的な行為があるだけです。それを後から、「生きている」というふうに総括しているだけなのです。

そうだとすると、ここでいう「生きている」ということはいったい何なのでしょうか。「私は生きている」というのは何をいっているのでしょうか。

「私」にとっては、呼吸をし、歩き、といった、もろもろの、しかもそのつどそのつどの行為だけがあるとすれば、「生きている」と呼ばれるそのままの経験はどこにもないことになります。だから「私は生きている」などという命題は本当は成り立ちません。実際、意識不明になっても生きていることはありうるわけで、この時に「私は生きている」などという意識はもてないでしょう。

「根本実在」とは

だからあたかも臨死体験において時折いわれるように、寝台の上に横たわっている「私」を上から眺めた、などというような「私」はここではありえないのです。もしも、この臨死体験の「もう一人の私」があるのだとすれば、「私は死んでいる」という命題も成立してしまいます。しかし、それはわれわれが普通いう「私」ではありません。ですから、「私」が行動しているこの世界の外にたって、観察し、分析し、「生きている」とか「死んでいる」とかという言明をする「私」というものはどこにもありません。

ところが、先の、「この馬は生きている／この馬は死んでいる」については、馬のいる世界から切り離された外側からこの馬を観察している。観察している「私」は世界の外にいる。こういう構造のなかではじめて、われわれが普通にいう論理は成り立っているのです。

だから、この主体・客体的構造というある特異な思惟のもとで実はこの論理は成立している。こうした思惟をしない者にとっては必ずしもこの論理は成り立たないのです。

たとえば、たいへんに自分を愛してくれた祖母に死なれた子どもが、「おばあちゃんは死んでしまったけど、生きている」といったとしても誰も不思議には思わないでしょう。こういういい方はよくするのです。馬を本当にかわいがっていた者にとっては、「この馬は死んだけど、生きている」ということになるのです。あるいは、自らの境地を「生きながら死人となりて」といった禅僧がいますが、これもよくわかる心境です。

これを非科学的で非論理的、原始的なアニミズム的思惟とするのは間違っています。問題の本質はここに通常の科学的論理とは異なった別の論理がある、ということなのです。それは思惟のやり方が違っているのです。実際「おばあちゃんは死んだけど生きている」というのは、われわれが今日でも日常、経験していることではないのでしょうか。お盆には死者が戻ってくる、と考えられているのではないでしょうか。「生」と「死」がまったく切り離された別個のものだとすれば、死者が戻ってくる、魂が戻ってくるといういい方はでてきません。「肉体は滅んだけれど魂は生きている」などということもできないのです。「魂」は、その外側にたって観察できるものではないからです。

「生と死を分けることができない」のは、非科学的なのではなく、科学的思惟を可能としているあの前提が崩れているからです。それは、おばあちゃんであれ、馬であれ、対象を客体世界におき、「私」をその外部へと超越させる、という思惟が崩れているのです。「私」も「おばあちゃん」も「馬」も、この世界にあって、繫がっている。切断するわけにはいかない。私だけが「世界」の外へでるわけにはいかない。「超越的主体」などというものはないのです。

だから、この「世界」のなかで、「私」と「おばあちゃん」や「馬」は情緒的に切り離すことのできない関係にある。この情緒において、生と死は分別することはできません。生と死は重なりあってくる。「おばあちゃん」が、今ここにいる「私」の心のなかでしっかりと私を支えてくれておれば、「おばあちゃんは生きている」ことになる。われわれはそう表現するのです。

いささか奇妙ないい方になりますが、本当は、われわれは「おばあちゃん」が生きているのか死んでいるのか、この世界の外にでて確かめる方法などもっていない。なぜなら、「私」とは、先ほども述べたように、この世界にあって、いまここで、呼吸をし、歩き、本をよみ……といった「私」でしかなく、この世界の外にでて、「私」を対象として観察するもうひとりの「私」などというものは存在しないからです。世界の外にでて観察する「私」がなければ、「おばあちゃん」が生きているか死んでいるか、を判定することはできません。客観的にそれを観察する「私」など存在しないからです。だから「おばあちゃん」は生きているとも死んでいるともいえます。「おばあちゃんっ子」であった「私」に於いては、「おばあちゃん」は、いまここで生きている、というだけのことなのです。

それこそが根本実在（リアリティ）だ、というのが西田の基本的な発想でした。このような思惟からすれば、通常の科学的、あるいは西洋的な論理は成り立たない。西田が求めたのは、それとは異なった論理だったのです。

もちろん、ここですぐに次のような異論がでてくるでしょう。「私に於いてはおばあちゃんは生きている」というのは、ただの主観ではないか。「私」なる人物のただの個人的経験に過ぎないではないか。そんなものは論理でも何でもない、と。じっさい、西田哲学に対してはずっと主観的だとか、個人的だとか、宗教的で直観的だとかいう批判が投げかけられました。「絶対矛盾的自己同一」だとか、「生即死」だとか、「一般即個物」だとか、奇妙な論理をもてあそんでいる、といわれ続けたのです。

しかし、それは通常の論理が成り立つような場とは異なった場で西田が思考したからです。そしてこれはたいへんに重要なことです。

繰り返しますが、通常の論理といっているもの、すなわちアリストテレスあたりから始まり、西洋の近代的合理主義や科学を特徴づけている論理は、何らかの意味で、主体を客体から分立させ、対立させ、主体が客体を理性的に捕捉する、という形をとります。主体の方に力点が置かれるか、あるいは客体（対象）の方に力点が置かれるかは別として、いずれにしても、どちらかを実在とみなし、対象を表象として捉えようとします。

するとやっかいなことがでてきます。まずこの世界にある様々な存在物は、表象的に理解できるとしましょう。バラの花と呼ばれるある対象（存在物）がある。それを「バラの花」という表象（言葉）で捉える。こういう形になる。それはそれでよいでしょう。しかしこの場合にそれを捉えている主体はいったい何なのか、よくわかりません。それは捉えられないのです。ただ世界から超越した主体としておく他ないのです。仮に、主体を理性や先験的なカテゴリーなどと理解して、それが表象を構成するなどというと（カントがこの方向に向かいました）、今度は対象そのものが何なのかよくわからなくなるのです。そこで、この対象を「もの自体」などといって分析不可能なものへと祭り上げてしまうことになります。

「行為的直観」

問題の焦点はどこにあるのでしょうか。通常の西洋的論理（と仮にいっておきますが）では、世界の外に主体を置くために、その主体そのものを問題にすることができないのです。いや問題とする必要がないのです。

しかしその結果、その主体はいわば万能の観察者であり、全能の創造者に模されていきました。何せ世界の外にあって世界を眺めるのですから、世界に対して全能になりえるのです。そこから西洋の近代的な科学が生み出され、組織的な産業技術が生み出されました。経済発展も起こり同時に文明破壊ももたらされました。進歩とともに目的を見失った虚無も生み出されたのです。

しかし、人は世界の外にでることはできません。われわれは決してこの歴史的世界の外からこの世界に働きかけることはできない。常にこの歴史的世界のなかで動いているのです。とすれば、西洋的で科学的な思惟がいう意味での客観的な思考などそもそもできません。デカルトのいうような「考えること」が、世界の外から抽象的に世界を捉えることだとすると、われわれは本当には「考えること」もできなければ「観察すること」もできないのです。いや、「考えること」も「観察すること」もそれ自体が、実は、この世のなかでの行為に過ぎないというべきでしょう。この世界のなかにあっては、世界について純粋に外部から考えることはできません。ただあれやこれやの日々の経験や情緒や情念やらと結びついたやり方で「考える」という行為をしているだけなのです。まさしく西田のいう「行為的直観」しかないのです。われわれの日常は常に行為的直観からなっている。それは、とりもなおさず、われわれがこの世界の外へでることはできず、この歴史的世界のなかでしか生きられないからにほかなりません。

そのことをもう少し考えてみましょう。

通常の合理的、科学的論理では、主体（私）は世界の外に立ってこれを見ています。これを機械的な世界観といっておきます。しかし、西田の「行為的直観」では、世界を外から見ることはできません。「見る」ということ自体が世界の内部での行為なのです。

ところでこの場合「見る」とはどういうことなのでしょうか。「見る」ためには、「眼」がなければなりません。「眼」は身体の一部であり、いわば「もの」です。道具的な「もの」によってわれわれは見るのです。この「もの」が、「眼」として「見る」作用を果たすのは、あくまで「見るもの」があるからです。いいかえれば、「見るもの」があるから「眼」というものがある、ということにもなる。

確かにそういうほかないでしょう。「眼」という存在が行為（見るということ）や対象を離れて恒常的、不変的にそこにあるのではなく、「眼」は何かを見ることによって始めて「眼」となるわけです。「物を見るということなくして、眼というものはなく、音を聴くということなくして耳というものはない」（「論理と生命」）ということになる。何かを見るという行為において、「眼」というものが成立するのです。

しかもさらに重要なことがあります。「眼」は何かものを見るのですが、この時、「眼」そのものを見ることはできません。「眼」は「眼」というものを見ることはありえない。もし「眼」が「眼」を見てしまえば、「眼」は外界のものを見ることはできない。したがって、「眼」は「眼」を見ないがゆえにものを見る、ということになる。

西田の弟子だった宗教哲学者の西谷啓治はこういうふうにいっています。「眼は眼をみず、火は火を焼かず」と。眼が眼を見れば眼はほかのものを見ることはできない。つまり眼ではなくなる。だから眼が眼であるのは、根本に「見ない」（不見）があるからである。すなわち「眼は、眼でないがゆえに眼である」ということになるでしょう。

同様なことは火についてもいえます。火が火を焼いてしまえば、火は他のものを焼くことはできない。だから、火の根底には自らを焼かないという否定がある。したがって、

「火は、火でないがゆえに火である」ということになる。

眼は、見るという行為において眼へと現成するその手元に、眼を否定する作用をもっている。火は、焼くという行為において火へと現成するその手元に、火を否定する作用をもっている。この否定的で矛盾したあり方こそが、眼や火の「自体性」だと西谷はいうのです。自体性とは、そのものの本来の有り方、といった意味です。火は自己を焼かないという否定性（火は火でない）をもち、眼は眼を見ないという否定性（眼は眼でない）を根本にもつことが「自体性」なのです（西谷啓治『宗教とは何か』）。

これは、さらに、「私」というあり方にも関わってくるでしょう。合理的な機械的世界観では、ただ「私」は超越的主体として世界の外から世界を知ります。しかし、こういう超越的なやり方をとらないとどうなるか。「私」はこの世界の様々な出来事や様々な障害にぶつかり、そこで考え込み、苦悶し、無駄なことを試みたりし、そうしてこの世のからくりを少しずつわかってゆく。知るというのはそういうことなのです。だから、「知る」こともまた身体を使った行為的な直観にほかなりません。

ところがこの時、「知る」ためには、「知る私」を知ることはできません。知る主体である「私」の方へ意識が働けば、外界を知ることはできないのです。いってみれば、ものを考えている脳が、考えている自分自身について考えることができないのと同じことです。だからここでも先ほどと同様、私が知ることができるのは、その根底に、私自身について「知ろうとしない」（不知）からだ、ということになる。知ることの根本的な否定がまずあるのです。つまり私が知ることができるのは、私は私を知らないからなのです。この根底的な不知、すなわち自己否定こそが「私」の自体性ということになる。どこか、あの哲学の祖ソクラテスの「無知の知」を思い起こさせるところがあります。

しかし西洋の合理的、科学的論理では「私」は世界の外へ超越させられるために、私自身へ向けられた根本的な不知は見えてきません。それがわからないような形になってしまっているのです。わからないままに「私」が屹立されている。

論理と生命

われわれが世界のなかで、そのなかで「生きて、死んでゆく」だけだとすればどうか。この根本的な不知は、知ることとそのものが行為である、という点で、いわば行為のなかに埋め込まれているでしょう。確かに行為をするときに、われわれは自己が何者かなどと考えません。世間と格闘し、難局を乗り切ろうとしているときに、一々「こんなこと考えている私っていったい何者なの」などと考えません。すわりこんで考えているロダンの像のような訳にはいきません。しかし、この行為を行うなかで、われわれは何がいまここでの適切な判断なのかを直観しています。直観的に考え、あることを選択し、それによって世界へ働きかけているのです。その時に、「私」なるものは、あえて行為的に否定されている。根底的な不知へとあえて戻されているのです。

西田は、歴史的世界のなかにあって、行為的に働きかけるものこそが「生命的なもの」だといいました。それは「機械的なもの」とは決定的に異なっている。後期の論文「論理と生命」（１９３７年）のなかで西田はいいます。

近代になって自然科学の影響もあり、機械的世界観が支配的となり、それが客観的と考えられるようになった。しかし、歴史的世界というものは機械的なものではなく生命的なものでなければならない。そして、生命的なものは、眼で見ることであれ、多様な行為であれ、ともかく身体をもって世界（環境）に働きかける。ここで身体もまた「もの」であり、自分であると同時に自分の環境になっている。「もの」は常に環境として自己に対立してくる。自己を否定しようとする。この時、たえず自己否定を通じて（身体化し、行為することで）、自己は環境へ働きかける。これが前章で述べた「主体が環境を作り、環境が主体を作る」ということなのです。

ここに「生命的なもの」のダイナミックな（弁証法的な）運動があり、歴史的世界は、この「生命的なもの」によって創造されてゆく世界だというのです。

いささかやっかいな話になりましたが、元に戻すと、このような「生命的なもの」に基づく歴史的世界を理解するための論理を西田は見出そうとしたのでした。それは、主体と客体の分離、私と世界を分離させ、世界を合理的に分析するという「機械的な思惟」とはまったく異なったものでした。

したがって、われわれが通常いう「論理的」という言葉も実はあるバイアスをもっているのです。西洋的論理はあくまで西洋の思惟や世界観と結びついたものでした。「論理といふものも、歴史的世界に於て生成したものである」と西田はいう。アリストテレスの論理学もギリシャの形而上学と密接な関係をもっている、というのです。それをギリシャの形而上学や世界観と切り離してしまったために、アリストテレスの論理学は近代になって、ただの形式論理に堕してしまった、という。

本当は、普遍的な論理というものはないのです。今日われわれが普遍的と見なしている科学的な論理は、あくまで西洋の形而上学や世界観、おそらくは、ギリシャやキリスト教的な世界観を母体にして生み出されたものなのです。論理はあくまで歴史的・場所的に形成される。日本には日本の論理があったはずです。

では、西洋の合理的、科学的論理とは異なった日本の論理は何だったのか。

それを西田は、「絶対矛盾的自己同一」や「……即……」といった独特のやり方で特徴づけようとしました。それは端的にいえばどういうことなのか。西田はそれを鈴木大拙のいう「即非の論理」に重ねる。般若の「即非の論理」こそは、日本的な論理の核であり、西田自身の論理をいいかえたものだというのです。

先にも述べたように、この歴史的世界では、「私」は世界の外に超越するのではなく、世界のなかで行為的にむしろ「私」を否定する。否定することで「私」が生成してくるのです。したがって、「私は、私でなくして、私である」ということになる。「眼は、眼でなくして、眼である」「火は、火でなくして、火である」ということになります。

一度、自分自身を否定するのです。眼は「見る」という作用を根源的に否定することで外界を「見る」ことができ、火は「焼く」という作用を自己に対して否定することで火である、というのです。「私」も、私自身への自己意識を否定することで、外部世界に関わり、ようやく私になるのです。

これは科学的な合理的論理とは異なっている。通常の合理的な形式論理とも異なっています。「……は……でなくして……である」という。この「……でなくして」というところにそのもの本来の自体性がある、とみる。一度は、まず自己を否定する。いいかえれば自己を「無化」する。「空」へと自分を差し出す。というより、自己の自体性を「空」にみる。そのことによって逆に自己が現成する、という論理なのです。これが般若の「即非の論理」と呼ばれるものでした。もちろんここでは同一律も排中律も成り立ちません。

確かに『金剛般若経』はこの論理によって書かれています。たとえば「如来が説いた般若波羅蜜（智恵の完成）は、般若波羅蜜ではない。ゆえに般若波羅蜜である」といわれる。あるいは「仏土を荘厳す（仏の国を作る）というのは、すなわち、仏土を荘厳しないことだ。だから、仏土を荘厳するのである」など、など。

『般若心経』の例の「色即是空、空即是色」なども、このように解することができるでしょう。この世のすべての物質的な存在は「空」である。つまり存在しない。そしてそのゆえにそれはこの世のすべての存在である、というわけです。

もちろん、『心経』が唱えているのは、われわれが「色」、すなわちこの世の現象として感覚的に捉えているものは、すべて実体をもたない。また、そうとわかれば、そこにすべての現象世界が広がってくる、ということです。なぜなら、「私」であれ「バラの花」であれ「美しい女性」であれ、おしなべて実体をもったものではない。それらは、すべて網の目のように張り巡らされた縁起のなかでたまたまこのような形をとっただけだからだ、という。しかし、すべてを「空じて」ものに囚われず、心をからっぽにして無常を知れば、すべての存在をそのものとして受けとめることができるのです。

「即非の論理」は、一度、この世界の現象をすべて否定するのです。「空ずる」のです。そうして、もう一度、その「空」を前提にしてこの世界へ戻ってくる。すると存在するものは、改めて意味をもってくるでしょう。しかも、それに決して囚われることはなく。我執を離れ、ものへの執着もなくなるでしょう。

こうしたことは、われわれの心のどこかに根付いているのではないでしょうか。日常生活のなかで強くは意識せずともこういう心構えをもっているのではないのでしょうか。別に西洋の合理主義と日本の論理を対比する必要もありません。しかし、われわれがあまりに合理主義的な形式論理に捕捉され、もうひとつの、しかももっと深い論理の可能性を見失っているとすればそれは残念なことではないでしょうか。

第十一章　「永遠の今」と無始無終の時間

文明進歩の意志

明治44年（1911年）、夏目漱石は和歌山で「現代日本の開化」と題する講演を行いました。漱石の文明観を示す名高い講演ですが、このなかで漱石は、文明の開化とは人間活力の発現だといいます。そしてそこには二つの種類の活力の運動がある、という。

ひとつは、活力節約の方向で、できるだけ楽をしたいと思う。そこで人は農耕機具を発明し、動力機械を発明し、鉄道や自動車を生みだしました。もうひとつは活力消耗の方向で、いってみれば楽しみ・快楽を貪欲《どんよく》なまでに求めようとする欲望です。できるだけ遠くへ旅をしたいと思う。もっとうまいものを食したいと思う。やがては、ただ海で泳ぐだけではなく、スキューバ・ダイビングをしたいなどと思う。

こうして、活力節約と活力消耗との両者が複雑に交錯しあいながら文明を進歩させてきたのです。節約も消耗（欲望）も加速度をつけてひとたび離陸してしまうと、近代という名の飛行物体は行方も知れず飛び続けるほかないのです。

ところが活力の節約や楽しみを求めて始まったはずの文明化が、いつのまにか人々を競争に巻き込み、あくせくと引きずり回す。生活を便利にし、楽しいものにするはずの開化が、かえって生活を窮屈にし苦難を増大する。これは、いってみれば、文明の進歩がもたらす矛盾なのですが、漱石にとっては、ここにもうひとつ無視できない事情がありました。それは、日本の場合、この文明進歩が日本人自身の意志で行われたものではない、ということでした。西洋の開化は、その歴史の流れのなかで自然に生じてきたものだが、日本の開化は西洋の衝撃を受けて、外からおっかぶさって起こった。西洋の開化が内発的なのに対して日本の開化は外発的だというのです。だから日本の文明進歩は常に上滑りで、その上滑りを止めようとすると神経衰弱になってしまう、という。

本当に西洋が内発的で日本が外発的なのか、そもそも内発と外発の区別は何か等々、いくつかの疑問はでてくるのですが、いまその点に深入りするのはやめましょう。概略でいえば、漱石の見方は当たっていないわけではありません。

それよりも、なぜこのような文明の進歩が日本人にはなじまないのか、どうしてわれわれはそのなかで神経をすり減らしてしまうのか、そのことを少し考えてみたいのです。

明治維新から150年ほどたち、漱石の講演から100年以上が経過し、21世紀に生きるわれわれは、ますます文明進歩のもたらす罠に囚われています。活力の節約と楽しみの追求から始まった文明の進歩、つまり経済発展は、今日、われわれをまったく着地点の見えない世界へ連れてゆきつつあるといってもよいでしょう。

少し前までは大阪から東京まで列車で6時間ほどかかりました。それが新幹線で3時間10分になり、さらに2時間半になり、やがてリニアモーターカーが走るという。確かに便利といえば便利です。しかし旅情などというものは吹き飛んでしまい、ビジネスはますますビジーネス（多忙）になる。インターネットはまたたくまに世界のあらゆる場所との情報交換を可能とし、コピー・アンド・ペーストなるものをやれば、へたすればノーベル賞級の論文をでっちあげることも可能になりました（すぐにバレますが）。これも便利ともいえますが、われわれは情報に振り回され、夥しい情報量のなかで神経をすり減らすことになる。もともと文明進歩をもたらしたものは、昨日よりももっとうまいものを食いたい、もっとよい生活をしたい、という人間の何ともいじらしい欲です。より豊かになりたい、より便利で快適になりたい、より自由になりたい、という欲望です。今日、われわれはそんなことはしごく当然で自然の欲望だと思っています。

しかし考えてみれば、昨日よりも今日の方がよりよくなっている、明日はもっとよくなっているというのは、ある独特の時間意識を前提にしているはずです。ここには過去から現在、そして未来へとつながる時間があり、その時間の軸にそって、人間の幸福は増大するという信念があるはずです。

いうまでもなくアメリカという国がこのような信念を代表してきました。子どもの世代は親の世代よりももっと豊かになり、もっと快適になっているはずなのです。移民としてやってきた親の苦労の上に子どもたちの生活がのり、その上にまたその子どもたちの幸福がのっかる。こうして『独立宣言』に謳われた「幸福追求の権利」は、子孫へと受け渡され、世代を超えた富の獲得こそがアメリカン・ドリームとなりました。

アメリカのみならず、戦後の日本もまた、このアメリカン・ドリーム方式を日本化することで急成長したのでした。われわれもまた、昨日よりも今日はもっとよい生活をし、豊かになるはずだ、という成長型妄念に突き動かされてきました。その結果、大都市のビルはますます天に向かってのび、ついに東京にはスカイツリーができ、大阪にはあべのハルカスができる。大都市は物であふれ、空前のグルメブームです。日本の食料自給率は40％前後ですが、その半分近い数字の食糧が日々破棄されている、ともいわれる。

モノを生みだすことにこれほど貪欲であり、モノを破棄することにこれほど頓着しない国民もそうはいないでしょう。われわれはどうしてこんなに無様になったのでしょうか。

無限が生み出す「負荷」

漱石は、西洋では開化は内発的に行われる、といいました。かくて「進歩」という観念が西洋で生み出されたのは分かりやすいことです。

「進歩」という観念の背後には、過去、現在、未来へと突き進む直線的な時間の意識がなければなりませんが、西洋で、この直線的な時間の観念を明瞭に生みだしたものはユダヤ・キリスト教だといってよいでしょう。アウグスティヌスがいったように「神」が時間を創造したのです。「時間」も「世界」も神が作り出したのです。ですからそれを作った「神」は時間の外にいる。もちろん「世界」の外にいます。この時、時間の始まりがあれば、終わりもあるでしょう。時間の終わりとはこの世の終わりです。ここに終末論がでてきます。最後の審判が下され、すべて決着がつけられてしまいます。

だからユダヤ・キリスト教の西洋では、人は、最後の審判に向けて、正しく生き、勤勉に生をまっとうするほかありません。禁欲が日常生活のなかにまで入り込んできます。

ところが、近代も進んでくれば、もはや誰も簡単には神など信じなくなりました。こうなると深い信仰心に代わって、軽い利己心が支配し、禁欲は強欲へと変わってゆく。しかし、ユダヤ・キリスト教が生み出した直線的な時間意識だけは残ってしまうのです。それは、もはや、歴史の終着点も最後の時もなく、ただひたすら前方へ向かって前進する時間です。かくしてほとんど無目的のままに時間軸の上を疾走するほかないのです。

それでも少し前までは、この時間の先に「終わり」＝「目的」がありました。ユートピアや共産主義です。理想社会の到来が最終到着予定地点でした。ここでは、人が神の位置に座って世界と歴史を見渡し、最後はユートピアを建設するはずだったのです。

しかし予定到着時刻はとっくに過ぎ、ユートピアも共産主義も夢と消えてしまいました。すると、ロケットは打ち上げたけれども着地点はなく、ただただ無限に飛び続けなければならない。こうして無限に富を蓄積し続けるほかないのです。

ここにあるのは、一種の強迫観念といってよいでしょう。それは無限に活動を続けてゆかなければならないという強迫観念なのです。それを西谷啓治は「無限衝動」と呼びました。ともかくも延々と何かをし続けなければならない。これは無限というものが生み出した「負荷」だというのです。何かをやり続けなければならないというのは恐るべきことで、たいへんな重荷です。もしも無限に生きつづけなければならないとなると、誰もがぞっとするでしょう。この果てしのなさ、キリのなさ、つまり無限性こそが、成長しなければならないという重荷、つまり強迫観念を生みだした。それが「無限衝動」だというのです（西谷啓治『宗教とは何か』）。

もちろん「無限衝動」は人間の生そのものの業ともいえますが、それでも西洋ではこれは著しく、それもこれも、神によって作り出された時間から神を抜き去った結果といってよいでしょう。無限に続く直線的な時間だけが残ってしまったことの帰結なのです。

われわれは通常、時間というと、紙の上に延々と延びる一本の直線をイメージします。これを横軸にして、縦軸にたとえばGDPの値をとり、この10年間で経済がどれだけ豊かになった、などというのです。昨年より今年はGDPが増えたといって騒いでいる。直線上で時間は数量化され、計測可能となって比較されることになる。こういう話を永遠に続けていかなければならないのは、いささかうす気味悪くはないでしょうか。

かくて無限の経済成長、自由の拡張、富と幸福の追求、世界のグローバル化といった今日の神話は、時間と世界を作った絶対神を前提にするユダヤ・キリスト教的な思考の世俗化といってよいでしょう。近代にはいって「神」を抜き取られ、この構造だけが残ってしまった。そして近代化とともに、われわれすべてがこの不気味な構造に投げ込まれたのです。世界は生産されるモノであふれ、それでもわれわれはモノを捨ててまたモノを作り続ける。いったい何のために？　恐ろしい世界というほかありません。「神」が生み出した直線の時間から、その「目的（エンド）」つまり「終わり（エンド）」を取り除いてしまうと、ただただ「無限衝動」に突き動かされる永遠の運動だけが残ってしまった。漱石のいう活力の節約と消耗が相互作用して、もはや「進歩」と名付けることもできない文明の自動運動が生じてしまったということなのです。

しかしこの経済の無限の成長は、われわれが追い求めていたものなのでしょうか。漱石が述べたように、それはわれわれの神経を実は逆なでしているのではないでしょうか。「神」を設定すれば、時間には始まりと終わりがありました。そこで「歴史」ができたのです。「神」は歴史の主宰者でした。だが「神」が姿を消すと、ただ始まりも終わりもない、しまりのない一本の直線のような時間だけが残ってしまった。

確かに、無始無終の時間というものはどこか不気味なもので、普通は想像できません。だから今日われわれは、それをあたかも図面の上にひいた一本の直線として単純化してしまうのです。無限に続く直線ならまだわかりやすい。時間はこうして可視化され、人はその直線の時間をいわば上から眺めることができるのです。歴史の流れや歴史法則などというものも、こうして作られるのです。

日本の思惟とは

西洋ではかくして過去、現在、未来と永遠に運動してゆく一直線の時間が延々と続き、「無限衝動」がそのまま作用する。永遠とは、この無限の彼方にあるものなのです。しかし日本文化や日本の思惟にとってはどうでしょうか。もともと一本の直線という時間意識などどこにもなかったでしょう。まして時間に始まりと終わりがある、という方がどこかなじめません。われわれの意識では、最初から時間の始まりも終わりもないのです。『古事記』でも、混沌が固まって、まだすべてが名もなく形もない中から天地が分かれ、そして三神が現れた、ということになっています。イザナギとイザナミの国づくりはだいぶ後です。ここにはユダヤ・キリスト教の「神」のような絶対的な創造神はいません。この世がどこからどう始まったのかもわかりません。日本の思惟、とりわけ仏教的な思想にはこの世の創造も終末もないのです。われわれはどこからかやってきて、いずこかへ去ってゆく。そのことの繰り返しなのです。

かくて西洋と同じ意味での歴史という観念もありません。日本では、歴史とは、そこに壮大な意味が埋め込まれた巨大な舞台というより、ゆく川の流れのごとくに次々と時が去ってはまた来る、といった趣のものなのです。

したがって、この無始無終の時間を表象するのに、われわれは、無限に延びる一直線ではなく、むしろひとつひとつの瞬間を取り出しました。なぜなら、もしも時間に始まりも終わりもなく、したがって、時間の流れの全体（それが歴史です）には特別な意味がないのだとすれば、大事なのは、今ここでの瞬間だけだからです。一瞬のその「時」だけが意味をもつのです。「時間」とは、せいぜい、この「時」と「時」の「間」ということになります。「時間」より前に「時」があるのです。

西田幾多郎はしばしば、ただ「今」しかない、といいます。「今」という「時」だけがすべてなのです。過去も未来もないのです。しかしそれはまた同時に過去でもあり未来でもある、という。どういうことなのでしょうか。

次のように考えてみましょう。西洋の時間はもともと「神」が生み出した。「神」が抜ければ、そこに一本の無限の直線が残った。単純化してしまえば、これが西洋の時間意識です。だから、人間を離れて、一つの抽象的で客観的な時間というものがある。戦ったり愛したり創作したり、という人間の活動はすべてこの客観的な時間という舞台の上でなされます。舞台が移り変わることで、そこに過去や未来という意識もでてきます。

そこで、あれは過去の出来事だった、何年の事件だったというふうにいった時には、人は、時間の外にでているのです。あるいは時間というレールの上を前にいったり後ろへいったりするのです。昔の出来事を昔の出来事だと意識する時、人は、過去という過ぎ去った舞台へ足を運んでいるのです。その意味で、人は直線の時間軸にそってするっと過去へ眼を移している。これは、人は時間の外にでているということでしょう。体は過去へ行けませんが、人間の理性はあたかも神のように時間の外にでることができるとみなしているのです。もともと「神（絶対神）」をもたない日本ではそんなことはできません。理性だけが浮遊して「世界」の外へ出ることも「時間」の外へでることもできません。あくまで「世界」の内の存在であり、「時間」の内にいるわれわれは、この世界を外から眺めたり、時間を外から眺めるわけにはいきません。

とするとどうなるのか。今ここにいる自分しかないのです。この「時」しかないのです。一本の直線状の時間などというものはないのです。

ところが、この「時」はすぐに次の「時」へと移り行きます。次の瞬間には次の

「時」になる。つまり、「今」は次の「今」になる。先ほどの「今」は過去になっているのです。先ほどまでの未来が「今」になっている。こうして、「今」しかない。「今」が永遠に続くのです。西田のいい方を借りれば「永遠の今」しかないのです。

ところがこの「今」を生きる私には、先ほどすでに過去となった「時」が記憶としてであれ、経験としてであれ、私のなかに残っているでしょう。人はただ日々違った身体を持ってその都度その都度を生きるわけではなく、同じ身体をもって同じ脳を使って生きているからです。身体のなかに、記憶や習慣として過去が蓄積されています。こうして「今」のなかにすべての「過去」が入り込んでいるのです。また、同じように、人は、常に未来を気にし、未来を予測しながら生きているものだとすれば、「今」のなかにすでに「未来」も入っているのです。もう少し具体的に表わすと次のようにいってもよいでしょう。私は「今ここに」しか生きていません。しかし、「今ここで」私は、昨日の出来事を振り返り、後悔したり、うれしくなったりする。昨日、友人としゃべってめずらしく深い話ができたと思う。さらにそれをさかのぼってゆくと、一週間前の出来事にゆきあたる。あるいは一杯の紅茶から幼いころの苦い出来事が回顧されたりもする。

また机の上に積まれた本を見た時、近いうちに書かねばならぬ原稿のことを思い頭が痛くなる。そういえば健康診断も受けなければならなかった、などと思い、ひょっとしたら来年は病院のベッドに縛り付けられているのではないか、などと不安になったりもするでしょう。これはすべて「今ここで」のことなのです。しかし、そこにはちゃんと「過去」と「未来」が入っている。「過去」も「未来」も「今ここに」ある。いや、「今ここで」思いだしたり、不安になったりするものとして過去や未来があるのです。

抽象的、一般的な時間として過去や未来があるのではなく、苦みや愉楽の感情と結びついた経験として過去や未来がある。「過去と感ずるのも現在の感情である」と西田は『善の研究』のなかでいっていますが、西田にとっては過去へ向かう記憶も、そして未来へ向かう意志もともに、まさに今ここでの「純粋経験」にほかならないのです。

世界や時間の外にあって、万物の創造者としての「神」をもたない日本人にとっては、時間は「ただ今」の延々たる移行というほかありません。人は、そのようなものとして「時」を感じるはずです。

するとここから次のようなことがでてくるでしょう。常に「今」が生起するのですから、「時」はいつも「新た」になる。絶えることなく「新たな今」が生み出されることになります。いつも「時」は刷新を意味し、出来事は新鮮で、行動はたえず新たな決断を含んでいるのです。「今」が次の「今」になる時、それはいつも新しいのです。と同時に、「今」はたえず過ぎ去りますから、すべては決して常ならないものでもあります。それが「無常」です。「今」は次の瞬間には消え去ろうとする。「無」へ帰そうとするのです。

「無常」と「刷新」

かくて「時」は疾走し、常なるものはなく、すべては無へと消えてゆく。しかしそれはまた、すべて新しく生み出される、ということでもある。あらゆる瞬間に、あらゆるものが、今ここで生み出されたように新鮮で、生き生きとした意味を帯びてくるはずなのです。時は「無常」であるがゆえに常に「刷新」なのです。だからそのなかで行動する者には、「あきらめ」と「覚悟」が要求されたのでした。

もちろん、われわれの感覚はそれほど鋭敏でもなく、そこまで原理的でもなく、瞬間のうちに「無常」と「刷新」を同時に感じとるなどという芸当はなかなかできません。論理的にいえば、あらゆる瞬間に「無常」と「刷新」が含まれているのですが、そんなことは実際には感じとれません。とはいえ、確かにそういうことを感じとる瞬間や出来事はあるでしょう。親しいものを失った時、昔通った学校を久しぶりに訪れた時、数多くの別れの時、こうした機会に時間がもたらす無常と、たえざる刷新を思うことはしばしばあるものです。そして、一年が過ぎ、年が暮れ、新年がきてカレンダーをめくるというのは「無常」と「刷新」の制度化といってもよいでしょう。

古来、日本人は、そういうことを情緒的に捉え、詩的に表現してきました。芭蕉の句などまさにそういうものでしょう。例の「古池や　かわず飛びこむ　水のおと」などにも、そういうニュアンスがある。水のおとは、無のなかから現れ、すぐに無へと消えてしまいます。おとが聞こえた瞬間は、その背後に「無」をもっている。だからこそそれは生き生きとした斬新な意味を帯びてくるのです。この句を事実の記述などという実証主義で捉えると、まったく何の意味もありません。

この「今」を、ただ瞬間というだけではなくもう少し幅をもたすこともできるでしょう。一人の人の一生も、永遠の時間のなかでは一瞬です。人は永遠の時間のなかの「ただ今」を生きるだけです。人の人生を古池に飛び込むかわずと同列にするわけにはいきませんが、人の一生という「ただ今」も、その背後に永遠の「無」をもっているから生き生きとした意味をもってくるのです。それは「無常」であるとともに、あるいは「無常」であるがゆえに「斬新」なのです。こう考えた時、「ただ今」は「無」という「永遠」に触れている、ということができるでしょう。それは「永遠の今」になる。かくてわれわれは、瞬間でしかない「時」において「永遠」に触れることになるのです。

西田は「形而上学的立場から見た東西古代の文化形態」（1934年）と題する論文のなかで次のようなことを書いていました。我が国の文化の特徴として「情的」なところがある。それは「知的」なものへ傾く西洋とも、また「行的」なものへ傾く中国とも違っている。老荘思想にも見られるが、「時」は無より来りて無へ帰る。時は「絶対の無の自己限定」である。そこでは、常に「無」が根底にあるので、「形」をもって今ここにあるものも、その背後に「無」が透かし見られる。

だから、日本文化では、ものの「形」を通して「形なきもの」を見る。ものに出会って、その新鮮さに驚くと同時に、そこにある「無常」をも透かし見るのです。あるいは、「形なきものの形」を見ることになるのです。「情的文化は形なき形、声なき声である」という。かくて「有の思想」である西洋に対して、日本の根底にあるのは「無の思想」だというのです。もしも、われわれの生活のなかにある一瞬一瞬を「永遠の無」に触れる「今」と感じることが日本人の時間感覚に埋め込まれているとすれば、われわれは、もう少し「今」を大切にするのではないでしょうか。

昨日は今日のためにあり、今日は明日のためにあり、昨日のモノは捨てて、今日また作り、それをまた捨てて明日また作り、こうしてモノを雪だるま式に大きくしてゆき、GDPを年々膨らませてゆく、ということがわれわれの感覚にあっているのでしょうか。「今」この瞬間に「永遠の無」に触れるからこそ、われわれは、モノを大切にし、人との出会いを大事にし、そこにかけがえのない「時」を見たのでした。「永遠」は時間を延長した無限の彼方にあるのではなく、「無」もすべてを消し去った後に出現するものではありません。それは、まさにこの「時」のそのなかにあるのです。むしろ「形」をもたない「無」が、「形」あるモノを現出せしめる、と考えるのです。西田の言葉を借りれば「時に於ては、形なきものが形あるものを限定するのである」ということになる。「無」という「形なきもの」は、それ自体としてどこかにあるのではありません。それは常にモノという「形あるもの」に張り付いてあるのです。それは「形ありながら、形なきもの」なのです。それを感じとるのが情であり、「もののあわれ」だと西田はいう。そこにこそ日本特有の「情の文化」が成立したのです。

確かに、この煩雑極まりなく、多忙をきわめる現代のわれわれが日常の一瞬一瞬に

「永遠の無」を観取するなどということはほぼ絶望的という気にもなります。これが日本独特の文化の根底にあるとすれば、われわれはもう随分と日本的なものから離れてしまった、ということでしょう。いくら情緒にたけた人でも今日「もののあわれ」など感じとることは難しいでしょう。だがこのあわただしさのなかで、一瞬でも「時」の上に留まって静かにこころの声に耳をすまそうとすれば、われわれの意識の底にある「永遠の無」というもののおぼろげな声を聞くことはできるのではないでしょうか。

西田は、このような「情」をもつことが日本文化の特性だと考えていました。そして「特殊性を失うということは文化というものがなくなるということである」といいます。文化がなくなることはその国の国民性がなくなることです。端的にいえば「日本」がなくなる、ということなのです。西田のこの言葉は、無条件にグローバルで普遍的な価値や理念を追い求め、それをよしとする今日のわれわれの「脱日本化」にとってはあまりに耳の痛いことではないでしょうか。しかし、私は、まだ、日常の一瞬に「永遠の無」を見ようとするわれわれの感受性がすっかり消えてしまったとは思えません。なぜなら、われわれは、この過度なグローバリズムや経済競争や成長至上主義やモノの浪費に対して、とまどい、ほとんど嫌気がさしているようにも思えるからです。

終章　西田哲学の毒

秘境的で謎解き的

「西田中毒」というようなものがあるのかも知れません。あの難解な文章を読んでいるうちに、西田ワールドから抜け出せなくなってくるのです。

たとえば、例の悪名高い「絶対矛盾的自己同一」などもそうです。「行為的直観」にせよ、「絶対無の場所」にせよ、あるいは「生即死」だとか「有即無」だとかといった概念も、確かにそうとしかいいようがないように思えてくる。ひとたび「なるほどそうか」と分かる（分かった気になる？）と、他にいいようがないのです。

こうなるとかなり中毒段階も進んできます。わざわざ別の言葉で説明することもないではないか、分かる者だけが分かればいいじゃないか、という気にもなってくる。独りよがりとはいいませんが、わざわざそれを他人に向けて説明したり、西田について論じたりすることもどうでもよくなってくる。何かそういう境地になってきます。そのうちこの哲学の見えない格子に捕捉されてゆくのでしょう。

確かに西田哲学には毒があります。落とし穴というべきかもしれません。あるところで西田自身も書いていますが、自分の書いたものは超のつく難解だといわれる。だけど、どこかある箇所をつかんでそれが分かれば、すべて分かってくるような種類のものだ、というのです。面白い自己評ですが、まさにそのとおりで、突然、ある時に分かったような気がするのです。すると、あのわけのわからない文章で、彼が何をいおうとしているのかが、読み解けるような気になってきます。そのうち、あの文体でしか書けないのではと思えてくるのです。秘教的で謎解き的なところがある。

しかしそうなると、この「分かった」という境地の方が大事になって、それを説明する必要がなくなってしまうのです。もしも分かりやすく説明できるのなら、そもそも西田自身があんな文章は書かなかったでしょうから。

しかしこのことは思いのほか大事なことで、これは西田哲学の抱えた問題というより、「日本の思想」そのものにかかわることなのではないでしょうか。日本に西洋のような体系的な哲学や思想が生まれなかったひとつの理由は、日本では「ものを考えること」が、世界の認識へ向かうのではなく、多くの場合、人が生きる上でのある境地を目指すものだったからです。仏教の教えや禅もそうであり、かなり学問的な儒学にもその傾向があり、俳句や和歌もその方向を向きました。

ただこの境地は決して唯我独尊的なものでもなければ、自閉的で排他的なものでもありません。むしろ、何か妙に晴れやかで突き抜けたような感覚を伴うものなのです。「無」などというと、世をはかなんだ諦念というイメージがついてきますが、西田のいう「無」は決してそういうものではないのです。もっと抽象的でしかも絶対的なもので、いわばすべての根源にあるもので、すべてを包摂するようなものです。

西田自身はある書簡でこのように書いています。「私の『無』というのは各人の自由を認めいかなる罪人をも包む親鸞の如き暖かい心でなければならぬ」と（昭和5年1月4日、和辻哲郎あて）。

いわばすべての人間のいかなる所業をも、またいかなる悪をもそのままで受け止める広大無辺な境地といったものをいっているのでしょう。もちろん、そんなことはわれわれにはできません。だからこそこの「無」は絶対であり、いわば絶対的救済という宗教的意味をもってくるのです。

しかしまた、それは、われわれの具体的な生を離れてあるものでもない。何か、彼岸に鎮座する絶対者のようなものではなく、われわれの生に密着したものなのです。「無」は日常のわれわれのあらゆる行動や思考の底に常に横たわっている。だから、表面的な現象や、それとかかわっている「私」という意識を消し去れば、その底に常に「無」というものが感受されるのです。もっとも、日常のなかで「私」や「われ」という意識を取り除くのはたいへんなことなのですが。

悲しき運命

西田の場合、「無」へ向かう意識は、日常生活の苦痛や悲しみと切り離すことはできませんでした。「様々なる家庭の不幸に逢い人間として堪え難き中を学問的仕事に奮励したのです」（昭和4年12月28日、和辻哲郎あて）という日常のなかで彼は次のように書いています。「自分はいろいろ弱い心を起こすと共になお何処か心の底に深い澄んだものが残っており静に孤独そのものを味わってゆくこともできるように思うのです」（昭和4年12月24日、西田外彦・麻子あて）。

西田は心の底を覗き込んだとき、そこに「深い澄んだもの」を感じ取ることができた。そして逆にそれが日常の孤独な生をそのものとして受け入れさせてくれる。家族の不幸とは西田だけのことではなく、当の家族の人々の不幸でもあったのですが、それも「私の生まれながら負い来たった悲しき運命のため」というのです。

もちろん生の悲しさはどこまでもついてまわります。西田は、この悲しさの正体を自己反省のうちに見極め、それを「無」によって脱色しようとしたのでしょう。それに成功したとは思えません。妻を失った二年後、京大の定年の少し前に友人にあてた書簡のなかでもこういうことを書いています。自分の過去を構成していた大事なものがなくなると自分の未来もなくなってしまうのだ。このとき「人間の深い根底にふれたようなさびしみが起こってくるのであろう。もはや私というものはないのだ」と（昭和2年2月9日、山本良吉あて）。

西田がいかに「無」というものを、「いかなる罪人をも包み込む暖かい心」というように捉えようとしても、それは容易なことではなかったでしょう。しかし、人との別れ、過去への追想、失われた時間への罪悪感、そこからでてくる運命的なものの享受といったことがらをひとつひとつ通過し、自らの根底にある「悲しみ」を凝視してその先に「無」を求めていたことは間違いないのです。そこでようやく「もはや私というものはないのだ」ということになる。そうすることで「悲しみ」を「悲しみ」として受け入れることができるようになる。ということはもはや「悲しみ」を悲しむ必要もない、ということでしょう。

それはひとつの覚悟、あるいは勇気を与えることになります。もうひとつ西田の書簡から引用しておきましょう。「私の心の底には何処までもすなおに与えられた境遇に処して静に死の神の鎌をも受けたいという勇気も沸いています」と述べるのです（昭和4年12月25日、西田外彦あて）。

さて、日本の精神には、どうも人との別れや死の経験から「無常」を知り、「無常」を通して、「私」などをこともなげに翻弄する大きな運命を感じとり、そのまえに自らを消滅させてゆく、という心の働きがあります。

これは「滅私」であれ「去私」であれ「無我」であれ、「私」というものを脱する方向へ向かうもので、西田にもこの日本の伝統的な精神と深く共鳴するところがありました。「私」よりもその向こうに「無」を見ようとする。「無」というものをわれわれはいつも意識の底に抱えている。逆に、日常の具体的な意識は、いわばこの「無」に映し出されたものといってよい。「私が、私が」というこの「私」なども、考えてみればそんな確かなものではありません。

実は、「無」とは、意識という「図」を浮かびあがらせる真っ白な、あるいは透明な「地」のようなものといってもよいでしょう。この「無」という「地」の上に、「私」というような具体的意識がおぼろげに浮き上がり、蜃気楼のような「図」を示すのです。別のいい方をすれば、「無」とは鏡のようなものであり、しかも、それ自身は自らを映し出しません。だからそれはどこにも「無い」のです。ただ、日常の「私が、私が」という意識を消し去ってゆけば、この「無」を感じ取ることはできるのでしょう。

確かに、これはひとつの「境地」であって、具体的に指し示して論じることが難しいのです。しかし、それが分かった、あるいは捉えられたと思うときはあるものです。「ああ、そういうことだったのか」と思うときがあるのです。だから「境地」としかいいようがありません。そして、西田哲学に捕捉されるとは、このような境地に捉えられることです。その意味では西田哲学にはどこか「哲学的宗教」とでもいいたくなる面があり、哲学という形を借りて宗教的境地を説いたようなところがあるのです。

西田の著作には「絶対無」という言葉がしばしばでてきます。しかしそもそも「絶対無」などという概念は意味をもつのでしょうか。

西田哲学は「無の哲学」だとか、「無の思想」だとかいわれます。だが考えるまでもなく、そんなものは形容矛盾以外の何ものでもありません。「無」を哲学する？　「無」の思想？　それ自体が形容矛盾なのです。「無」そのものがひとつの言葉であり概念だからです。「無」という概念、つまり表象、言葉という実体でそれを表現しているのです。だから、「無」といった時点で本当は「無」ではなくなっているのです。

したがって、西田の「無の哲学」などまったく無意味だ、という人がいても不思議ではありません。論じうるのは「有」、つまり「存在するもの」だけだというのです。哲学や思想の対象になるのは「有」（存在するもの）であって、「無」ではない。根源にあるものは「無」ではなく「有」である。「有」から出発すべきである、ということです。「無」が言葉である以上、「無」ではなく「言葉」が根源にある、というべきだ、といわれる。この議論には確かにいい分があるでしょう。「言葉が始めにありき」なのです。ということは、「言葉を使うもの」としての人間があり、言葉の構造がまずある、ということになる。「無」を論じることはそれこそ無意味である、ということになる。

絶対的矛盾の「無」

これは論理としては正しい。私にも分からないわけではありません。しかし、どうしてもこの論理には収まらない何かがある、という気がするのです。

まず言葉が「ある」。その「有」を前提として「無」という観念もでてきている、というのはそのとおりでしょう。しかし、私には、「無」という言葉は、通常の存在物を指す言葉とは次元を異にしていると思われます。犬や猫や嵐や海などといった存在物や現象を示す言葉ではないのです。それは、存在するものすべてを一気にまとめて脱色し、その意義も意味も剝奪する。存在ということ自体を一挙に否定してしまうのです。モノもない、現象もない、そしてそれを見る者（人間）もない、それを示す言葉もない、いや、それらをすべて消し去ってしまう、その究極へと向けられた言葉なのです。考えてみればとんでもない言葉で、恐ろしく不気味でとてつもないことをいい表そうとしている。そういうものをわれわれは仮想してしまったのです。

その意味で、「無」という言葉を生み出したこと自体がひとつの事件であり、それは絶対的な矛盾を含んだ言葉にほかなりません。だからそれを論理的に論じようとすれば、通常のわれわれが慣れ親しんだ言葉遣いでは不可能です。西田哲学の用語法がたいへんに難解かつ奇怪になってしまうのも当然でしょう。

しかし、逆にいえば、この世のなかにある様々な存在物が、ただそのままにあるのではなく、本質的に矛盾をはらんでいると考えてどこが悪いのでしょうか。「私はメロンを食べたい」などと思う。だけど、本当にそんなことを思っている「私」というものがあるのだろうか。「私がメロンを食べたい」といったときには、メロンはまだそこにはないのです。口にはいっていません。とすれば、「私」は、ただ「メロン」というものの幻に踊らされて、あらぬ欲望をたまたま刺激されただけではないのか、などという解釈もできます。

とすれば、「メロンを食べたい」という確かな欲望も、それを信じている「私」も本当にあるのでしょうか。たまたま、ある状況のなかで「メロン」という幻影が生じ、それが刺激になってメロンに目がくらんだ「私」も生み出されただけではないのか。こういう風にも考えたくなるのです。

こうなると、「メロン」も「私」も、もともとそんなものはなかった、といいたくもなる。もともとは何もない。「メロン」の幻が現れなければ「私」もないのです。すべて「無」です。しかし同時に、いまこの現実のなかで「メロン」の幻影が現れて「私」を誘惑していることも事実で、もうすでに胃が脳神経とグルになって欲望を刺激しており、何が何でもメロンを手に入れなければ気がすまなくなる。これも事実でしょう。

とすればどうなるか。根源にあるものは「無」です。「メロン」も「私」も「無」に映し出された幻影に過ぎません。しかし、現実には欲望はメロンに向けて一直線に走り出しているのです。このまったく矛盾した構造のなかにわれわれはいるのであって、「私」も「欲望」も、その矛盾のさなかで暴発しているのです。

「メロン」に向けて無限の食欲を膨らませながら、そのうちに、その欲望そのものが幻のように思えてきます。「無」が「有」を生み出し、その「有」が「無」をめがけて暴走しているのです。ここにある両義性は確かに根源的に矛盾をはらんでおり、この矛盾こそが人生の実相というべきものではないのでしょうか。

もちろん、「メロン」は象徴的ないい方です。「メロン」が「巨大メロン」になり、さらには「巨々大メロン」になり、やがて「メロンの無限膨張」になるというわけです。こうして、われわれは延々とモノを求め続け、間断なく欲望を募らせ、貪欲なまでに幸福を求め続けてきた。経済学者は、こういう事態を、「私」という消費者がいて、幸福（効用）の合理的な最大化を求めて経済成長をうみだしてきた、と説明するのでしょう。

しかし、どこまでいっても本当の幸福は手に入らず、どれだけメロンを食べてもただただ虚しい。となると、最初から欲望など錯覚だったのではなかったか、とも思えてくる。メロン追求のむなしい努力そのものが幻だったのではないか、ということです。

いや、それなら次のように考えたほうがよい。メロンを追い求めた人生そのものが無意味だったというよりも、そもそも、メロンをひたすら食べ続ければ幸福になると考えるほうが間違っていたのではないか。メロンを暴走の果てまで食して、それから人生は無意味だったなどと思うよりも、あらかじめ人生は無意味だけれど、その無意味な生をメロンという幻影がつないでくれた、と思ったほうがよいのではないでしょうか。とすれば高杉晋作ではないですが「面白きこともなき世を面白く」というわけで、無意味な人生を何とか面白く意味ありそうにするものを探すほかないということにもなるでしょう。であれば果たしてメロン追求はそれに値するのか、という疑いもでてくるでしょう。

ところがたいていの場合、たらふく食べ、人から羨まれ、社会的にも成功し、金も名誉も地位も手に入れた。しかし、それで何だったのか、ということになる。あるいはもっとうまくできたはずだと思い、もっと世間から評価されてもいいはずだと思い、あれが悪かった、これが悪かったと後悔する。そこまできて、われわれは生そのものがもともと意味がなかった。ただ意味があるという幻覚を見ていただけではないのか、と思ってしまうのです。「人間五十年、化天のうちをくらぶれば、夢幻のごとくなり」であり、

「露と落ち露と消えにし我が身かな、浪速のことは夢のまた夢」というわけです。

これはただの諦念ではありません。老境の悟りなどでもありません。失意の果てのニヒリズムでもありません。むしろ、すべての生の活動を一度は、「無」のなかに投げ込んで、しかし、その生をすべて受け入れようとする態度です。「生が無意味」というのは、ただ虚しく、絶望的で救いようのない人生という否定的なことではありません。「意味」が「無」によって否定されるのではなく、そもそも意味が脱色されているのです。意味が出来する以前の「無」へと戻ることとなのです。生は「無意味」というより「無・意味」なのでしょう。

「はかなさ」と「美」

こんなことを書いてきたのは、まさにこういう感じ方が日本人にはきわめて強かったように思えるからです。われわれはことのほか「無」というものに惹かれてきたのではないでしょうか。われわれは「無」という言葉を独特のものとみなし、それによって言葉の彼方にでようとし、存在することそのものを否定するような「無」という言葉に独特の意義を与え、親しみをもってきたのではないのでしょうか。しかもそこに救いさえ求めた。ここに日本的思想や日本的精神の大きな特徴があるように思うのです。

西田哲学は、すべての根源にある「無」へ向かう志向を、できるだけ論理的に表現しようとしたものでした。それが、あの難解で独特な用語法を生み出したのでした。存在するものの根源的な矛盾を表現するには、通常の論理ではうまくいかなかったからです。

この根源的な矛盾にあえて目をつむり、「存在するものの論理」をまっすぐに展開したのが、通常のわれわれの思考であり、西洋思想の大方の方向でした。すべては「有」から出発し、「有」の展開として現実があるのです。「有」に意味を与え、そのもっている構造を明らかにして、「有」をさらに展開させるものは「人間」の欲望や意思や理性です。要するに「私はメロンが食べたい」という欲望であり、「私はメロンの謎を知りたい」という意思でした。それが、メロンの間断ない膨張を生み出し、世界をメロンで埋め尽くし、いつのまにか「私」がメロンに飲み込まれかねない状態にまでいたったというわけです。

で、今日、われわれは「メロンなどに意味はなかったのではないか」というところまできてしまった。メロンの暴発は「無意味」ではないのか、という疑いを払拭できないのです。メロンの「意味」が分からなくなっているのです。そして「意味」の否定や脱落はニヒリズムにほかなりません。

意味の否定としての「無意味」、すなわち「ニヒリズム」は、それ自体があくまで西洋的な「有の論理」なのです。西洋では、「無」はあくまで「有」の否定形なのです。

しかし、日本人の親しむ「無」は必ずしも「有」の否定ではありません。ニヒリズムとも違っています。いわば「無」は「有」を包み込み、それを背後で支えているのです。日本語の「無」にあたる適当な言葉は英語には見当たりません。Ｎｏｔｈｉｎｇがもっとも近いでしょうが、これもｔｈｉｎｇ（もの）の否定なのです。モノが先にあって、それが否定されるのです。ドイツ語ではＮｉｃｈｔｓという言葉がありますが、これも何かを否定する、というニュアンスが強い。「無」というある状態を指すものではありません。

しかも日本語の「無」には、どこか空漠たる感じが付きまとい、ただ「有」を否定するのではなく「有」の否定も超えてしまったその彼方を暗示するような響きをもっている。だから「有」を否定するというよりも、むしろ「有」のすべてをそのままで認めてしまう、というところさえあるのです。あるものをすべてそのままで受け入れ、しかもそこに同時に「無」をみる、といった格好になる。だから、存在するものがすべてそのままで「無」であり、逆に「無」が、存在するもののすべてをあらしめる、あるいは映し出す。かくて「有即無」になる。あるいは『般若心経』の「色即是空、空即是色」になるのです。

私自身、いつごろからかはあまり自覚はないのですが、このかなり日本独特の（あるいは東洋的な）「無」という観念に惹かれていました。高校生のころから妙に「無常」といった観念が気になり、強い意味を発するものよりは、無意味へと向かうものへ関心が向くたちだったのです。

別に「死」をまぢかで経験したわけではないのですが、しかし、「生」の先には確実に「死」があり、「死」とは絶対的な「無」だという感覚が昔からありました。とすれば、今ここでの「生」にいわば「死」を引き寄せて、気分の上でここに持ち込んでしまえばよいではないか。するとそこに「無常」という観念も生まれるだろう。こういう風に思っていたのです。

それは一方では悲しいことです。人との別離こそが定めならば、この世のはかなさという意識に捕らわれるでしょう。しかしそれだからこそ、この生をできるだけ美しいものとして生き、ある覚悟をもって生きることができるのではないか、という気にもなるのです。一方で「諦念」があり、他方で「覚悟」がでてくる。一方で「はかなさ」があるとともに、だからこそそこに「美」を求めようとする。人とのつながりに「恬淡」とするとともにそこに「定め」や「縁」を感じ取る、といった態度もでてくるのでしょう。それは私だけのことではなく、まさしく日本的な精神にほかならないと思われました。

今日、われわれは西洋の近代の思想や科学や制度やらをいわばグローバル・スタンダードとみなし、それを受け入れ、自らの身体をそれにあわせて作りかえることこそがグローバル化であり進歩であると考えています。しかし西洋の科学や技術はただ汎用性のある普遍的方法というわけではありません。そこには、「有の思想」をもたらしたギリシャ的なものやキリスト教的な精神がその背後に控えています。西田も次のようなことを書いています。日本的精神をもって西洋の知識や技術を消化してうまく使おうというような浅薄なやり方はだめだ。その理由は、ひとつは、西洋の科学や知識にはその歴史的背景があって、それを無視するわけにはいかないからであり、もうひとつは、何か「日本的精神」なるものを独断的に設定しておいて、西洋の科学や哲学から都合のよいものだけを取り出して接木するなどということはできないからだ、というのです（『日本文化の問題』）。

こういうことをわれわれは今日少しまともに考えてみる必要があります。明治の知識人は、そういう事態を「和魂洋才」で乗り切ろうとしました。西田は、それは無理だといいました。確かに、今日、「和魂洋才」どころか「無魂洋才」といいたくもなってくるのです。そのうちに「才」の方もあやしくなるでしょう。「日本的な物の見方考え方に日本精神がある」と西田はいう（「学問的方法」）。別に日本のことを研究するから「日本的」だというのではない。われわれは「生」や「死」にあたって「日本的見方」というものをもっているはずなのです。そこからでてくる「精神」がなければ、いかなる科学を持とうと知識を身につけようと何の役にもたたない、というのです。この精神はというと、日常の経験のなかからしかでてこない。

最後にまた一言だけ書簡から引用しておきましょう。「人間死生の際のみ、本当の真実というものが味われ平素の虚偽の生活をおもうて頭が下がるものです」（昭和6年6月24日、山内得立あて）。この文章はたいへんな毒を含んでいます。しかし学問も知識も、こういう真実からしかでてこない、というのが西田の境地だったのです。

あとがき

西田哲学には昔から関心はありましたが、その悪名高い文体に気後れして、敬して遠ざけることにしていました。しかし、実際に読んでみるとどんどんとひきつけられるのです。特別なきっかけはありません。私は夜更《よふ》かしな性分なので、夜中に何か眠たくなるものでもと思って西田の書いたものを読み出したのです。ところが、眠くなるどころか、実に充実した真夜中を過ごすことになってしまいました。

その「充実した真夜中」の産物が本書です。本書は、もともと雑誌「新潮45」に連載中の「反・幸福論」をまとめたものです。もとよりこれは西田哲学の解説書ではなく、私自身の関心と西田哲学を交差させた評論的エッセイです。西田の思索は彼の人生とは切り離せません。同時にそれは「無」という日本的な観念に棹さすものでした。西田は、日本の「無」の観念の論理化をはかることで西洋思想と対峙しようとしたのです。ここに私は、今こそわれわれが参照すべき思想の可能性を見たいのです。本書の成立にあたっては大畑峰幸さんと丸山秀樹さんにお世話になりました。感謝します。

平成26年8月8日

佐伯啓思

佐伯啓思　1949（昭和24）年奈良県生まれ。京都大学大学院人間・環境学研究科教授。東大経済学部卒業。東大大学院経済学研究科博士課程単位取得。『反・幸福論』『日本の宿命』『正義の偽装』など、著書多数。

Ⓢ新潮新書

589

西田幾多郎《にしだきたろう》
無私《むし》の思想《しそう》と日本人《にほんじん》

著者　佐伯啓思《さえきけいし》

2014年10月20日　発行
2015年4月10日　7刷

発行者　佐藤隆信

発行所　株式会社新潮社
〒162-8711　東京都新宿区矢来町71番地
編集部(03)3266-5430　読者係(03)3266-5111
http://www.shinchosha.co.jp

印刷所　大日本印刷株式会社
製本所　加藤製本株式会社

ISBN978-4-10-610589-0　C0210